中国农民群体弱势化趋势及治理策略研究

——基于马克思社会公正视角

刘 行 著

哈尔滨工程大学出版社

Harbin Engineering University Press

内 容 简 介

"三农"问题是关系国计民生的根本问题。党的十九大报告将我国社会主要矛盾确立为人民日益增长的美好生活需要和不平衡不充分的发展之间的矛盾,并将农民群体弱势化趋势治理问题上升到国家总体发展战略的高度,这表明解决农民群体弱势化趋势问题仍是党和政府今后的重要任务。农民群体弱势化趋势的治理对解决新时代我国社会主要矛盾问题起着基础性、关键性的作用。正是在这样的背景下,本书从马克思的社会公正视角出发,结合中国农村、农业和农民发展的实际情况,深入考察中国农民群体弱势化趋势的表现、原因和影响,运用规范分析、实证分析、比较分析和深度访谈等方法,对中国农民群体弱势化趋势治理实践中存在的问题进行系统研究,阐明农民群体弱势化趋势治理的内在逻辑,从而构建出农民群体弱势化趋势治理策略的总体框架,为推动我国社会经济持续健康发展、实现社会公平正义提供重要参考。

图书在版编目(CIP)数据

中国农民群体弱势化趋势及治理策略研究:基于马克思社会公正视角/刘行著. —哈尔滨:哈尔滨工程大学出版社,2020.8
　　ISBN 978 - 7 - 5661 - 2754 - 9

　　Ⅰ.①中… Ⅱ.①刘… Ⅲ.①农民—社会地位—研究—中国 Ⅳ.①D422

中国版本图书馆 CIP 数据核字(2020)第 157662 号

策划编辑　雷　霞
责任编辑　张　彦　李　暖
封面设计　刘长友

出版发行　哈尔滨工程大学出版社
社　　址　哈尔滨市南岗区南通大街 145 号
邮政编码　150001
发行电话　0451 - 82519328
传　　真　0451 - 82519699
经　　销　新华书店
印　　刷　北京中石油彩色印刷有限责任公司
开　　本　787 mm×1 092 mm　1/16
印　　张　7.5
字　　数　191 千字
版　　次　2020 年 8 月第 1 版
印　　次　2020 年 8 月第 1 次印刷
定　　价　40.00 元
http://www.hrbeupress.com
E-mail:heupress@ hrbeu.edu.cn

序　言

　　农民群体弱势化趋势治理不仅是一个社会问题,也是重要的政治问题和经济问题。改革开放至今,我国农民群体的生存和发展环境较以前有了很大提升,农民收入水平明显增加,教育程度不断提高,国家的各项涉农政策也取得明显成效。但值得注意的是,农民群体在收入水平、教育机会、社会保障等方面与其他社会群体的差距仍有不断扩大之势。这表明中国农民群体弱势化趋势在不断加剧,从而折射出社会各个阶层之间发展的不平衡。党的十九大做出了"我国社会主要矛盾已经转化为人民日益增长的美好生活需要和不平衡不充分的发展之间的矛盾"的重大判断,并将农民群体弱势化趋势治理问题上升到国家总体发展战略的高度来看待,说明了解决农民群体弱势化趋势问题仍然是党和政府今后的重要任务。

　　解决好新时代社会主要矛盾,就必须系统解决发展不平衡的问题。也只有解决好发展的平衡和充分的问题,才能实现新时代的美好生活。农民是我国人口数量最多的群体,这一社会主要群体的弱势化趋向,会直接对经济持续发展、社会和谐稳定、党的执政能力建设产生负面影响。实际上,中国现阶段许多影响较大的社会问题也都是来源于此。习近平总书记指出,"中国要强,农业必须强;中国要美,农村必须美;中国要富,农民必须富"。中国进入新时代,农民群体首先要进入"新时代",农民群体的弱势化趋势首先要得到治理,这是实现美好生活的现实基础。

　　中国特色社会主义新时代就是要在习近平新时代中国特色社会主义思想的指引下走上更为富强、民主、文明、和谐、美丽的现代化强国之路。通过治理农民群体弱势化趋势,解决社会群体间发展不平衡问题,进而增进国民福利,这不仅是人民群众的强烈诉求,也是国家持续健康发展的必然要求,更是实现广大人民群众共享改革发展成果的应有之义。基于这样的背景,本书作者从马克思的社会公正视角切入,运用实证分析、比较分析、要素分析等研究方法,对我国农民群体弱势化趋势的历史进行深入考察,精准揭示了农民群体弱势化趋势的表现、影响和原因。在合理借鉴国外相关理论成果和实践经验的基础上,实事求是地提出了农民群体弱势化趋势治理的具体策略。本书的探索、观点和看法,有助于丰富社会主义公平正义问题的理论研究,也有助于推动"三农"工作的实践创新。

　　即将出版的这部著作,是刘行老师多年来的研究成果,也是她进一步探索的起点。作为本书的写作顾问,我对她即将出版著作表示祝贺,并希望她能够继续努力,在学术研究上取得更大的进步。

田　明

2020 年 4 月于通辽

前　　言

社会的公平公正问题并不是抽象的、永恒的,而是具体的、历史的。改革开放 40 多年来,我国农村取得了迅速发展,农民的收入水平、生活状况、平等和独立意识等都得到了空前的增强,农民的生存和发展环境都较以前有了较大提升,但农民群体在收入水平、教育机会、社会保障等方面相较于其他社会群体却依然存在很大差距,其发展空间严重受限,基本权益维护依然存在困难。这些客观存在表明中国农民群体的生存状态与其他群体相比仍趋于弱势化,社会各阶层之间的发展呈现严重的不平衡状态。农民是社会主义现代化建设的重要力量,是社会全面发展的坚定基石,农民群体弱势化的趋势问题涉及人口数量多、影响范围广,若不能得到合理解决与控制,势必会影响我国农民参与中国特色社会主义事业建设的积极性,进而激发严重的社会矛盾。因此,科学治理农民群体弱势化趋势问题,保障农民群体与其他社会群体享有同等权益、获得同样发展机会,促进社会各群体间协调发展成为当前我国社会改革中亟须解决的重大问题。

首先,农民群体弱势化趋势及所引发的社会不公正问题已经成为国家经济社会持续发展的"瓶颈"。在 40 多年的改革开放中,我国农民群体取得了巨大的发展和进步,然而,受社会资源分配结构、市场经济运行规则、社会人文环境差异等诸多因素的影响,农民群体与其他群体相比,在生存和发展中仍然存在较大的劣势,并且这种劣势呈现逐年扩大的趋势。农民群体弱势化趋势治理在解决当前社会主要矛盾中具有"传导功能"。对于农民群体来说,预期收入和预期支出这两个因素会影响其消费倾向,农民群体的弱势化地位使得农民群体缺乏稳定的预期收入,而医疗、养老、子女教育等方面都需要较大支出,收入过低而支出过大,势必导致农民群体消费动力不足,进而影响经济发展。

其次,农民群体弱势化趋势及由此引发的社会不公正问题会严重影响社会的和谐稳定。世界各国发展经验告诉我们,一个和谐稳定的社会离不开社会各阶层之间的通力合作和良好互动。然而,农民群体弱势化趋势及由此引发的社会不公正问题,不仅会使社会各阶层之间的发展失去平衡,也会引起社会各阶层间的经济利益冲突、群体之间的隔阂、不协调等矛盾。当这些矛盾积累到一定程度时,必然会引发一系列社会问题,给社会和谐稳定造成严重的负面影响。一方面,农民群体弱势化趋势及由此所引起的社会不公正问题,必然会引起农民的负面情绪。农民群体弱势化趋势导致农民的生存和发展空间受到挤压,进而使其在市场竞争中处于劣势地位,长此以往必然会引起农民群体的愤怒与不满,影响社会和谐稳定。"源于机会不均等的经济不平等更加令人不能够忍受。"[①]另一方面,农民群体弱势化趋势及由此所引起的社会不公正问题会造成社会各阶层之间的冲突和对立。世界各国发展经验证

---

① 阿瑟·奥肯:《平等与效率——重大抉择》,王奔洲等译,华夏出版社,2010。

明,农民群体在弱势化的同时也会逐渐走向边缘化,他们参与和影响政治、社会、经济发展的能力会不断下降,从而使其在各种社会政策的制定中不能有效维护自身利益。农民群体的边缘化也会给其他群体刻意侵犯农民群体的利益创造条件。从近10年的社会发展中不难看出,征地、拆迁、拖欠农民工工资、劳动权益受到侵犯等经济利益问题,成为诱发社会矛盾和冲突的主要原因。如果这种侵犯无法得到有效制止和限制,势必会造成农民群体与其他群体间的矛盾、对立,甚至冲突,对我国社会和谐稳定局面造成破坏。因此,农民群体弱势化趋势及由此引发的社会不公正问题将严重影响经济与社会和谐发展。

最后,农民群体弱势化趋势及由此引发的社会不公正问题会对党的执政基础产生不利影响。中国共产党取得革命胜利并获得执政地位离不开农民群体的支持。然而,受现阶段收入分配、教育机会、社会保障、自身局限性等因素影响,农民群体与其他群体、农村与城市之间的发展呈现严重的失衡状态。"在新的历史条件下,我们应当重视中国共产党原有的执政基础萎缩和削弱的问题。"①显然,如果农民群体弱势化趋势及由此引发的社会不公正问题得不到合理解决,那么将会对我党的执政基础产生负面影响。

马克思主张,社会公正是人类毕生追求的目标。一方面,农民群体弱势化趋势及由此引发的社会不公正问题已然成为当前中国社会经济转型的重要阻碍;另一方面,农民群体弱势化趋势治理又是解决当前我国社会主要矛盾至关重要的一环。在这样的背景下,本书从马克思社会公正视角出发对中国农民群体弱势化趋势及治理策略进行系统研究。

本书围绕中国农民群体弱势化趋势及治理策略这个主题,共分为六个章节对其进行系统阐述。

第一章主要研究中国农民群体弱势化趋势治理的理论基础。本章对中国农民群体弱势化趋势治理的相关内涵进行了界定,在此基础上,对涉及农民群体弱势化趋势治理的关键要素,如农民群体弱势化趋势治理的主体、资源等进行了深入分析。最后结合马克思社会公正思想、中国化的马克思社会公正思想和现代西方社会公正思想等内容,系统论述了中国农民群体弱势化趋势治理的主要理论依据。

第二章是对中国农民群体弱势化趋势的现状透视。首先,对中国农民群体弱势化趋势研究的现实背景进行了分析,重点考察了当前中国农民群体发展取得的成就和面临的问题;其次,回顾了中国农民群体弱势化现象的阶段性变化,主要分析了中华人民共和国成立前、中华人民共和国成立至改革开放、改革开放后三个重要历史时期农民群体弱势化的演变情况;再次,对中国农民群体弱势化趋势的主要表现进行了总结,包括农民群体的生存安全、发展空间、基本权益和发展能力等;最后,对中国农民群体弱势化趋势产生的影响进行了深入分析。

第三章是对中国农民群体弱势化趋势的症因索解。本书认为导致中国农民群体弱势化趋势的原因主要有四个方面:一是传统城乡二元结构的影响,包括城乡二元性的居民身份性质、城乡二元性的社会权利体系及城乡二元性的社会经济发展模式等;二是渐进式改革中的

---

① 吴忠民:《走向公正的中国社会》,山东人民出版社,2008。

政策偏误,包括没有协调好公平与效率之间的关系、没有处理好权利与义务之间的关系、没有解决好地方行政权力异化的问题等内容;三是农民群体自身发展困局的影响,主要包括空间环境、文化素质和社会影响力的制约;四是有关农民群体弱势化趋势治理缺陷的影响,包括治理的分割性显著、权威性欠缺、规范性较差等。

第四章是对中国农民群体弱势化趋势治理实践的绩效评析。本章首先对中国农民群体弱势化趋势治理的主要措施进行了考察,包括发展战略、社会发展理念、管理制度等内容。然后从农村脱贫人口数量、农民发展的社会环境、机会空间、动力活力等四个方面详细梳理了中国农民群体弱势化趋势治理取得的成绩。在此基础上,分析了中国农民群体弱势化趋势治理面临的困境,包括社会经济政策的支持困境、农民群体资源的储备困境、外部环境不足的局限性困境和具体策略有效实施的困境。

第五章是对农民群体弱势化趋势治理的国际经验进行总结和借鉴。本章在对美国、德国、日本、印度、巴西等国家农民群体弱势化趋势治理实践考察的基础上,得出了农民群体弱势化趋势治理措施的法制化、农民群体弱势化趋势治理方式的多样化、农民群体弱势化趋势治理手段的社会化及农民群体弱势化趋势治理责任明确化等规律性启示。

第六章主要研究中国农民群体弱势化趋势治理的策略思考。本章从农民群体弱势化趋势治理的指导理念、农民群体弱势化趋势治理的政府责任、进一步完善农民群体弱势化趋势治理的方式措施、农民群体弱势化趋势治理环节的管理等方面内容探讨了中国农民群体弱势化趋势的治理策略。

本书是以马克思社会公正视角对农民群体弱势化趋势治理研究的一个初步尝试,现有的六章无法涵盖全部内容。随着我国社会主义事业的不断发展,相关论述或理论一定会不断推出,中国特色社会主义理论也将不断丰富和发展。

刘　行

2019 年 4 月 18 日

目　　录

第一章 中国农民群体弱势化趋势治理的理论基础

消灭私有制建立公有制,推动社会公正发展,实现全人类彻底解放,不仅是马克思主义的首要价值,也是马克思主义不断丰富和发展的动力源泉。为实现人类社会真正意义上的公正,马克思主义者进行了深入的探索,形成了较为丰富的社会公正思想体系,为社会主义制度建设和发展提供了重要的理论指导。因此,在精准把握农民群体弱势化趋势内涵的基础上,认真收集、整理、研究、总结马克思主义者的社会公正思想,是我们认识中国农民群体弱势化趋势问题,进行农民群体弱势化趋势治理策略研究的重要基础。

第一节 农民群体弱势化趋势治理的研究现状

客观地说,农民群体弱势化趋势问题是多数国家在工业化和现代化过程中都要面对的问题,农民群体弱势化趋势问题解决的好坏不仅关系到一国农民群体的生存和发展权利,同时也关系着一国经济的健康发展和社会的长治久安。在工业化、现代化过程中,各国学者都对农民群体弱势化问题展开了大量研究,他们从社会学、经济学、政治学等不同学科视角诠释了对这一问题的认识。因而,系统梳理国内外学者关于农民群体弱势化趋势问题的研究成果,对于我们深入研究农民群体弱势化趋势问题具有重要意义。

一、国内研究现状

经过40多年的改革开放,我国社会经济发展取得了巨大成绩,但中国农民群体弱势化趋势问题依然严峻。在全面深化改革的关键时期,为解决农民、农村、农业的发展问题,国内理论研究者在借鉴其他国家经验和逻辑框架的基础上,结合我国国情,对中国农民群体弱势化趋势治理问题进行了积极探索,提出了丰富的理论观点,为中国农民群体弱势化趋势治理实践提供了重要的理论和方法支撑。

首先,国内研究者细致探讨了我国农民群体弱势化趋势的表现。国内研究者普遍认为,当前我国农村社会经济建设取得了不小的成绩,农民群体的生活水平和基本素质有了较大的进步。但是令人遗憾的是,农民群体与其他群体之间仍存在较大差距,农民群体弱势化趋势问题成为当前我国社会转型过程中较为突出的问题之一。农民群体弱势化趋势不仅影响社会公正的实现,而且给我国社会经济持续发展带来严峻考验。一些学者认为,与其他群体相比较,我国农民群体在生活水平、教育水平、社会保障、政治权利等方面都处于弱势地位,如果这些问题得不到有效解决,农民群体弱势化趋势还会加剧。如中央党校吴忠民教授认为,由于农村职业技术教育发展严重滞后,农民群体的劳动及技能难以适应时代发展的需要,农民群体的生存竞争能力在逐步下降。"职业发展和生存竞争能力的削弱,使农民改善自己处境、向上流动的努力变得十分艰难。"①南京大学童星、林闽钢等认为,农村社会保障制度建设的滞后,使农村居民在基本生存安全方面有很强的后顾之忧。"大量农民长期游离于社会保障体系边缘,城乡之间在获得社会保障、医疗服务等基本公共服务方面的差距有加大趋势。"②也有许多研究者认为,农村存在着严重的青年劳动力及优秀人才外流现象,这一现象加剧了城乡之间的差距,农民群体弱势化趋势更加明显。"在当代,有不少农村的农民,长期脱离对土地的耕种,甚至长期脱离农村,辛苦的奋斗在非农民化的道路上。"③也有一些研究者认为,农民增收形势严峻、收入来源不稳定等现象严重制约着农业及农民群体的发展。"农民收入增长幅度趋小、不稳定,城乡居民收入差距进一步加大。"④从国内研究者对我国农民群体弱势化趋势现实的分析可发现,我国农民群体弱势化趋势表现在诸多方面,农民群体弱势化趋势成为中国矛盾突出的问题之一。

其次,国内研究者对我国农民群体弱势化趋势的原因进行了深入分析。国内研究者在对农民群体弱势化趋势状况考察的基础上,从不同视角对我国农民群体弱势化趋势的原因进行了深入剖析。一些研究者认为,我国农民群体弱势化趋势与我国快速推行私有化有着密切的关系,快速私有化推动了社会生产力的急速发展,但同时也形成了严重的两极分化,损害了社会公正。"我国两极分化现象产生的根源在于一定程度上生产资料私有制的存在,正是这种私有性的生产资料转化为资本要素基于增值本性而在经济领域内进行的资本扩张才导致了贫富两极分化的发生。"⑤也有研究者认为,中国在改革开放过程中由于没有协调好经济发展与社会政策建设的关系,导致了我国社会政策建设远远滞后于经济发展,从而出现农民群体弱势化趋势问题。"如果只是强调经济政策而忽略了社会政策,这样的社会只能是一个少数人受益的病态社会。"⑥部分研究者还认为,在我国工业化和现代化过程中,农业发展自身存在的局限性会加剧农民与其他群体的收入差距,使农民群体在经济收入方面处于弱势状态。"在一个工业化时代,农业越来越成为一个不能盈利的产业。"⑦一些研究者认为,由于我国城乡公共资源配置存在着严重的不合理现象,才会导致农民群体的发展权利受到抑制。"尽管'十二五''十三五'期间加大了对不发达区域和农村地区的文化、教育、卫生投入,但区域之间、城乡之间的差异仍然较大,不平衡问题已成为社会发展的瓶颈。"

综上所述,从国内研究者对农民群体弱势化趋势的原因分析来看,快速私有化、资源配置不合理、社会政策的忽略、农业发展自身的局限性等原因导致了中国农民群体的弱势化趋势。最后,国内研究者对如何解决我国农民群体弱势化趋势问题进行了深入的探索。国内研究者普遍意识到农民群体弱势化趋势问题已经成为当前我国社会转型中必须要解决的问题,只有找到科学合理的策略,有效地控制农民群体弱势化趋势,才能化解社会转型中出现的这一矛盾,推动社会持续健康发展。

针对在解决农民群体弱势化趋势问题中采用什么样的方法和措施,国内研究者做出了科学判断。一些研究者认为,实现城乡公共资源配置均衡化,缩小城乡之间公共资源供给的

① 吴忠民:《走向公正的中国社会》,山东人民出版社,2008,第119页。
② 童星,林闽钢:《中国农村社会保障》,人民出版社,2011,第66页。
③ 梁晓声:《中国社会各阶层分析》,湖南文艺出版社,2017,第323页。
④ 张瑞红:《当前我国农民收入现状与增收对策分析》,《江苏农业科学》2010年第4期。
⑤ 余成跃:《转型期中国社会公正问题研究》,复旦大学出版社,2013,第135页。
⑥ 吴忠民:《走向公正的中国社会》,山东人民出版社,2008,第105页。
⑦ 孙立平:《断裂——20世纪90年代以来的中国社会》,社会科学文献出版社,2003,第4页。

差异性,为城乡居民提供一个相对公平的生存和发展环境可以解决我国农民群体弱势化趋势问题。可以通过"积极探索城乡基础设施共建、资源共享和生态环境共保的运行机制解决农村发展问题"①。也有一些研究者认为,我国还没有建立一个合理的城乡结构,农民群体还不能充分参与国家事务,维护自己的合法利益,也不能与其他群体均等地享有国家的政治、经济、文化等资源,农民群体受歧视现象没有得到有效改善,因此,要解决我国农民群体弱势化趋势问题,就要建立城乡一体化的管理机制。"彻底改革城乡二元体制,是扭转中国城乡结构失衡的关键。"②部分研究者认为,通过技术工业下乡的方式来推动农村和农业的发展,提升农民群体的收入,从而解决农民群体弱势化趋势问题。"除了给农民工业,有什么方法能有效地增加他们的收入?"③还有研究者认为,我国社会福利体系的碎片化加剧了城乡之间的差距,也弱化了农民群体的生存和发展权利,因此,全面整合社会福利体系对解决中国农民群体弱势化趋势问题具有重要意义。"如何在社会福利普遍性基础上扎实推进社会福利制度整合和体系整合,已成为我国社会建设中亟待解决的重大理论和实践问题。"④综上所述,国内研究者从不同的学科和视角,具体地阐释了解决我国农民群体弱势化趋势问题的方法,为我们探索农民群体弱势化趋势治理策略提供了有益启示。

对国内研究现状的系统梳理可发现,国内研究者从政治、经济、社会等维度对我国农民群体弱势化趋势相关问题进行了深入的考察和分析,这不仅为我们继续深化农民群体弱势化趋势问题研究奠定了重要的文献基础,同时也为我国解决农民群体弱势化趋势问题提供了方法选择和技术支撑。

二、国外研究现状

西方国家一般多为典型的市场经济国家,他们多崇尚经济自由,主张依靠市场机制自发调节收入分配,但在农民群体弱势化问题上,他们并没有采取放任态度,而是通过强化政府责任、制定相关政策等方法促进农民群体的发展,从而实现社会群体之间的协调发展。国外学者为解决农民群体弱势化问题,结合本国社会发展特点进行了一系列的有益探索,为我们研究农民群体弱势化趋势问题提供了重要的文献借鉴。

首先,在国外,特别是西方发达国家,学者们充分肯定了农业及农民群体的发展对社会经济安全的重要意义。著名的古希腊历史学家色诺芬认为农业是其他一切行业的基础,并论证了农业对于国家的重要意义。他指出,"农业是其他行业的母亲和保姆,是其他行业兴旺发达的基础。"⑤色诺芬虽然没有直接论述农民群体弱势化问题,但农民群体对于国家社会发展的重要价值却得到了他极大的肯定。法国路易十五时期,国家推行重商主义,导致农产品价格下降,大量农民面临生存威胁。重商主义遭到了许多学者的批判。法国古典经济学奠基人弗朗斯瓦·魁奈认为,要促进国家财富不断增加,首先考虑的应该是振兴国家的农业,使占国民多数的农民群体富裕起来。魁奈指出,"农业是一切利益的本源"⑥。显然,在

---

① 郑杭生、殷昭举主编《多元利益诉求时代的包容共享与社会公正:社会建设和社会治理创新的"中山经验"》,中国人民大学出版社,2014,第222页。
② 陆学艺主编《当代中国社会结构》,社会科学文献出版社,2010,第283页。
③ 费孝通:《乡土中国·乡土重建》,群言出版社,2016,第218页。
④ 景天魁、高和荣、毕天云:《普遍整合的福利体系》,中国社会科学出版社,2014,第1页。
⑤ 色诺芬:《经济论雅典的收入》,张伯健、陆大年译,商务印书馆,1961,第1页。
⑥ 弗朗斯瓦·魁奈:《魁奈经济著作选集》,吴斐丹、张草纫译,商务印书馆,1987,第65页。

弗朗斯瓦·魁奈看来,农业和农民群体的发展是国家经济振兴的基础,是国家持续发展的重要源泉。"农业生产及农民群体的稳定与社会稳定有着密切的联系。"①美国农业专家莱斯特·布朗也认为农业及农民群体的稳定关系到粮食供给的稳定性,影响着国家的长治久安。综上所述,西方研究者普遍认为农业及农民群体的发展不仅关系到经济的发展和社会的稳定,同时也影响着国家的长治久安。

其次,国外学者普遍认为农业及农民群体的发展状况往往受制于社会政策制定情况。国外学者在分析农业及农民群体发展重要性的同时,也对导致农业及农民群体弱势化的原因进行了分析,他们普遍认为农业及农民群体弱势化与各国社会政策有着密切的关系。在工业革命初期,西方重农学派就指出沉重的农业税收不但导致了农民群体的贫困,同时也制约了农业的发展。法国经济学家杜尔哥认为,社会精英阶层的免税特权和佃农沉重的杂税负担阻碍了国家农业的发展,威胁国家的粮食安全,"沉重的税收负担抑制了佃农生产的积极性"②。美国经济学家 Mincer Jacob 认为,发展中国家农村教育资源的投入不足严重制约着农业及农民群体的发展。"发达国家城乡差距较小,得益于发达国家城乡教育发展的一体化。"美国学者 Findlay 认为,农产品贸易全球化给农业及农民群体发展带来较大的负面影响,特别是对于科技集成密度较低的发展中国家冲击较大。"农业产品贸易的全球化,加剧了财富分配的不平衡,它让富者更富,穷者更穷。"③美国经济学家 Hugh T. Patrick 认为,农村金融服务需求发展的落后制约了农村经济的发展,对农业及农民群体会产生不利影响。由此可见,国外研究者对农业及农民群体弱势化形成的原因分析结果启示我们,农民群体弱势化趋势问题是多种政策共同作用的结果。

再次,国外学者普遍强调各国政府在解决农民群体弱势化问题中具有不可推卸的责任。国外学者在强调推动农业和农民群体发展重要性的同时,也指出了政府在解决农业及农民群体的发展过程中担负着不可推卸的责任。早在 19 世纪末德国新历史学派就强调资本主义经济发展应将伦理、经济和道德结合起来,通过政府对经济的干预,解决好城乡之间、社会群体之间发展的不平衡问题,推动资本主义稳定发展。"精神和道德的结合创造了资本主义精神。"④美国经济学家保罗·萨缪尔森教授认为,农业生产具有外溢性、拥挤性等特点,存在着市场失灵的风险,政府的有效调控是保证农业和农民群体稳定发展的重要基础。"萨缪尔森的农业公共产品理论强调为保证市场的有效供给,政府必须加强对农业的支持。"⑤美国学者 Brian C. Briggeman 认为,政府转移支付、农村金融等在推动农业及农民群体的发展上具有重要作用,发达国家实践证明,政府的有效干预可以解决农民群体弱势化问题。"政府通过财政转移支付可以有效提升农民的收入和生活水平,减少农民离开农业的可能性。"⑥综上所述,国外研究者多认为政府在解决农民弱势化问题中扮演着重要的角色,解决城乡之间、群体之间发展的不平衡性是政府不可推卸的责任。

① 黄志冲:《论农业福利溢出效应与工业反哺农业政策》,《上海经济研究》2000 年第 11 期。
② 杜尔哥:《关于财富的形成和分配的考察》,唐日松译,华夏出版社,2007,第 21 页。
③ Ronald; Findlay, Henry Kierzkowski. "International Trade and Human Capital; A Simple General Equilibrium Model". *Journal of Political Economy*, no. 9(1983):957 - 978.
④ 桑巴特:《现代资本主义(第一卷)》,商务印书馆,1962,第 214 页。
⑤ 卫龙宝:《农业发展中的政府干预》,中国农业出版社,2001,第 37 页。
⑥ Brian C. Briggeman, Allan W. Gray, et al. "A New U.S. Farm Household Typology; Implications for Agricultural Policy." *Review of Agricultural Economics* 29, no. 4(2007):765 - 782.

最后,国外研究者在分析农民群体弱势化问题形成的背景、原因等内容的基础上,为了解决工业化、现代化过程中出现的农民群体弱势化问题,国外学者进行了积极的探索,并提出了有针对性的策略。一些国外学者认为要解决农业及农民群体的发展问题就应该加大政府对农业生产的补贴力度,实行"工业反哺农业"的政策。"农业生产风险大且收益率较低,政府适当提供一定的补贴是必要的。"也有部分学者认为,农村分散性经营模式制约着农村经济的发展,要想解决农民群体弱势化趋势问题,就要改变分散性的经营方式,发展规模经营,提升农业产品的市场竞争力。"农村规模性生产方式是提升农民群体收入的关键。"也有学者认为,农村教育的落后制约着农业及农民群体的发展,加大对农村教育的投入可以提高农民的生存和发展能力,培养农民群体的权利意识,从而推动社会各群体之间的协调发展。"教育的力量对公民权利有重要作用。"[1]综上所述,国外研究者对治理农民群体弱势化趋势的探索经验告诉我们,要彻底解决农民群体弱势化问题,单纯依靠某一种方式是难以完成的,农民群体弱势化问题的解决应是多种策略共同作用的结果。

农民群体弱势化趋势问题是多数国家社会发展过程中都要面对的问题,但由于各国发展程度、发展环境、发展模式等不同,各国家在对农民群体弱势化趋势问题的认识和解决方式上存在差异。一方面,发达国家农民群体弱势化问题并不明显,甚至有些国家农民人均收入已超过了城市居民人均收入,所以发达国家农民群体弱势化趋势问题并不突出。当然,发达国家农民群体弱势化问题不突出不是市场经济自发作用的结果,而是得益于发达国家制定的保护农民群体利益的相关政策;另一方面,相对发达国家而言,发展中国家农民群体弱势化趋势问题较为严重,也成为制约发展中国家转型的严重阻碍。因此,发展中国家在借鉴西方发达国家经验的基础上应积极探索符合自身国情的治理策略。由此可见,受国家具体情况的影响,针对农民群体弱势化趋势问题,各国研究者的关注点是有差异的。我们在对国外研究经验进行借鉴时,更要注意农民群体弱势化趋势问题相关研究成果的"情境性"。

第二节　农民群体弱势化趋势治理的内涵解读

国内关于农村、农民、农业等问题研究的成果较多,但关于农民群体弱势化趋势问题研究的成果却很少。因而,要系统对农民群体弱势化趋势治理进行研究,就要清晰地认识农民群体弱势化趋势治理的内涵及外延,这是我们系统研究农民群体弱势化趋势治理的前期基础。

一、农民群体

由于对农民群体的认识及研究视角的不同,国内研究者对农民群体的界定存在较大的差异,农民群体的内涵呈现较强的多元性。具体表现在以下几个方面:一是从社会分工和职业分工的角度来看,农民群体是指在一定土地上以从事农业生产为主要活动的人构成的群体,有时也简称为农民。我国社会学和人类学的重要奠基人费孝通先生,从职业角度对农民进行了概括性描述,农民是以种地为谋生手段的人构成的群体,即"土里刨食"的人。"种地是最普通的谋生办法,'土地'是他们的命根子。"[2]显然,在费孝通先生看来,农民是从事农

---

① 尼克·史蒂文森:《文化与公民身份》,陈志杰译,吉林出版集团有限公司,2007,第37页。
② 费孝通:《乡土中国·乡土重建》,群言出版社,2016,第2页。

业生产活动而维持生命延续的人,他们和其他职业者一样,是社会群体的重要组成部分。二是从社会阶层的角度来看,农民群体是指拥有少量的经济、文化资源,从事农业劳动的阶层,即农业劳动阶层。"农业劳动者阶层是以农(林、牧、渔)业为唯一或主要的职业,并以农业收入为唯一或主要收入来源的农民。"①从社会阶层的视角来看,农民群体虽然规模较大,但社会影响力一般较差,生活水平和生活质量偏低,因而,在社会分层中常常被视为弱势阶层。三是从户籍的角度来看,农民群体是指拥有农村户口的人所组成的群体。在中华人民共和国成立后很长的一段时期内,受户籍制度的影响,户口性质有农业户口和非农业户口两类。拥有农村户口者一般意味着要依赖土地和农业生产为生,他们被称为农民或农村人,而拥有城市户口者一般意味着要依赖工资或公粮为生,他们被认定为"吃公粮"或"吃工资"的人,一般不会从事农业生产活动。四是从居住环境的角度来看,农民一般指居住在乡下或农村的人,它是与"城里人"遥相对应的概念。即通过社会成员的活动范围来对农民进行分类。显而易见,从国内学者对农民群体内涵的界定来看,要形成一个完全统一的农民群体内涵是非常困难的,因为农民群体本身就带有时代性、动态性及历史性等特点。

通过对农民群体内涵界定的系统梳理,本研究认为应该从社会经济发展的动态视角来诠释农民群体的内涵。在中华人民共和国成立后至改革开放前这段历史时期,由于中国处于以"以阶级斗争为纲"的计划经济时期,农民群体虽然在经济上比较落后或贫穷,但在政治上却有较高的社会地位。然而,改革开放后,随着以"以阶级斗争为纲"时代的结束,在社会主义市场经济的大潮中,农民群体的生活质量虽有所提升,但农民群体的社会地位却开始下降,大量农民开始通过升学、进城务工等方式脱离农民群体。目前,中国社会正处于快速的社会转型过程中,大量农民开始由农村流向城市,并有许多农民在城市找到了安身立命之所,自此以后不会再从事农业生产。与此相反,现在也出现了少量城市人口向农村流动的情况,虽然他们拥有城市户口,但他们通过租住土地和从事农业生产劳动来维持基本的生活需求。显然,单一的用户籍、居住环境等方式来界定农民群体的内涵,已经无法回应时代变化的需要。在综合以上学者对农民群体内涵界定的基础上,从社会经济发展的动态视角出发,本研究认为农民群体是掌握少量的经济和文化资源,在城市没有稳定住所和工作,以从事农业生产活动或其他产业劳动的人口。

二、弱势化趋势

经过40多年的改革开放,我国农村社会经济发展取得了较大的进步。但是,受城乡二元结构、渐进式改革失误等因素影响,我国农民群体与其他群体特别是精英群体之间的差距并没有缩小,反而呈现出继续扩大的趋势,农民群体在生产和发展中处于更加不利的位置。因而,本书所研究的弱势化趋势是指:改革开放以来农民群体中的多数社会成员生活水平没能与社会经济发展保持一种同步的状态。与其他群体相比,农民群体的整体竞争力出现了某种弱化趋势,他们许多应有的基本权利没有获得有效保障,其对社会发展的影响力越来越小的一种趋势。需要说明的是,农民群体弱势化之所以说是一种"趋势",其原因有两个方面:一方面,我国农民群体弱势化只涉及农民群体中的多数成员,而不是全部成员;另一方面,我国社会依然处于快速的转型过程中,社会分层及各群体之间的利益格局并没定型,涉及各社会群体利益分配的全面深化改革刚刚开始。因此,我国农民群体弱势化表现出来的

① 陆学艺主编《当代中国社会流动》,社会科学文献出版社,2004,第22页。

是一种"趋势"。目前,与其他群体相比,中国农民群体弱势化趋势主要表现在以下三方面:

第一,在我国社会分层体系中农民群体处于一个较低的位置。随着我国社会经济发展的科技化和智能化推进,体力劳动与脑力劳动的被需要程度不断变化,农民群体的知识、技能结构等与社会经济发展的专业化、高科技化之间的矛盾日益突出,这在一定程度上弱化了农民群体的作用。一方面,在市场经济体制条件下,农民群体由于缺乏专业的技术知识、文化知识和政治影响力,导致其在社会财富分配中处于劣势地位,农民的收入水平和生活质量较低,农民群体的经济地位不断下降;另一方面,国家在公共资源配置上采取了重城市轻农村的策略,导致农民群体在教育、医疗、住房等方面享有的公共资源明显落后于其他群体,进一步加剧了农民群体与其他群体之间的差距。"在实行计划分配的时候,在城乡之间实行的是两种截然不同的制度。比如,城市教育和公共设施几乎完全由国家财政投入,而农村有相当一部分需要由农民自己负担。"[①]改革开放后很长一段时期内,国家重城市轻农村的发展战略并没有从根本上进行扭转,导致了农民群体的社会地位偏低,最后,农民群体的政治地位不断下降。改革开放过程中,随着农民群体经济地位和社会地位的下降,他们的政治影响力也不断下降,农民群体合理的利益诉求经常受到忽视。因此,农民群体较弱的社会地位、政治地位和经济地位将注定他们在我国社会分层体系中处于一个较低的位置。著名的社会学家陆学艺教授按照劳动分工、权威指标、生产关系、主要资源等指标,将我国社会划分为十大阶层,农民群体处于第九阶层的位置。这表明,农民群体存在严重的弱势化倾向。

第二,农民群体的基本社会权利保护问题比较突出。在现代社会,社会权利被视为社会成员个人应当有的权利,它和政治权利、公民权利一起构成了社会成员不可剥夺的人身保障权利,是衡量国家、政治进步的重要标准。例如英国著名的政治学家马歇尔指出,"社会的要素,我指的是从某种程度的经济福利与安全到充分享有社会遗产并依据社会通行标准享受文明生活的权利等一系列权利"[②]。显然,马歇尔将公民身份或公民资格与公民的政治权利、社会权利、公民权利有机结合在一起,即公民身份有三个重要的成分——民权、政治权和社会权。在社会经济发展过程中,由于农民群体的基本社会权利没有获得较好的保护,使得他们不能充分地分享社会经济发展成果。具体表现为两个方面:一方面,农民群体缺乏基本的社会保障,导致农民群体应对各种社会风险的能力较差;另一方面,农民群体基本的社会权益缺乏应有的尊重,从而使得他们进一步发展的空间受到压缩。正如中央党校吴忠民教授所说,"曾经在一个为时较长的时期里,农民的基本权利被侵害状况较为突出"[③]。显然,农民群体的基本社会权利保护问题比较突出,不仅制约农民群体的生存和发展,而且还容易引起社会群体之间的矛盾,影响社会的持续健康发展。

第三,农民群体人才外流现象较为严重,人才流入严重不足。优质的人力资源是推动农村发展的关键,也是改变农民群体弱势地位的关键。然而改革开放以来,农民群体人才外流严重而流入不足,这逐渐成为影响农村社会经济发展的重要原因和农民群体社会地位提升的重要障碍。一方面,由于农民群体在社会分层中处于较低的位置,使得许多有为农民将脱离农民身份和脱离农村作为了个人奋斗的人生目标,农村人才外流严重。农村优质人力资源快速向城市流动,对推动城市发展具有积极意义,但对于农村的发展却产生了不利的影

① 孙立平:《断裂——20世纪90年代以来的中国社会》,社会科学文献出版社,2004,第94页。
② T. H. 马歇尔、安东尼·吉登斯:《公民身份与社会阶级》,郭忠华、刘训练译,江苏人民出版社,2008,第10页。
③ 吴忠民:《走向公正的中国社会》,山东人民出版社,2008,第124页。

响,弱化了农民群体的进步和发展。"改革开放后30年间,中国的城市化率提高了近28%,平均每年提高0.93%。城镇人口增加近4.4亿,平均每年增加约1453万人,其中60%以上是从农村转移出来。"①另一方面,农村民工潮在一定程度上又弱化了农村社会经济发展的动力与速度,农村社会经济振兴变得越来越难。显然,要改变我国农民群体的弱势化趋势,就需制定出公正合理的社会政策或制度,保证农民群体对优质人力资源具有一定吸引力。

三、治理策略

从20世纪90年代以来,"治理"一词就开始流行于西方政治学研究领域,其反映出来的核心内容是西方政治学者对人类政治生活、政治过程、政治重心等方面的重新认识,其中一些主要观点被西方政治家所吸收并运用到治国理政的事务中,这也引起了越来越多的学者和学术领域的关注。"'治理'概念之所以引起学者的广泛关注,主要是因为人类政治过程的重心正在从统治走向治理,从善政走向善治。"②在这一背景下,研究者们从经济学、社会学、政治学、管理学等不同学科及视角,阐释了他们对"治理"一词的思考、认识和界定。"治理"一词也不再仅局限于政治学领域,而是被广泛地运用于社会、经济、管理等学科领域。例如,西方学者詹姆斯·罗西瑙认为,"治理指的是一种由共同的目标支持的活动,这些管理活动的主体未必是政府,也无须依靠国家的强制力量来实现"③。罗茨认为,"治理意味着传统的含义有了变化,意味着一种新的统治过程,意味着有序统治的条件已经不同于前,或是以新的方法来统治社会"④。北京大学俞可平教授认为,"治理是指官方的或民间的组织在一个既定的范围内运用公共权威维持社会秩序、满足公正的需求"⑤。在结合国内外学者对治理内涵界定的基础上,本研究将弱势化趋势治理的内涵界定为,在深入领会马克思社会公正思想的基础上,结合国家现代治理理念,系统探讨中国农民群体弱势化趋势问题,回答中国农民群体弱势化趋势治理由谁来主导、如何主导、具体原则、主要方法等内容,立足于"解决当前问题、建立长效机制",构建出治理中国农民群体弱势化趋势的战略构想及具体策略,为政府部门制定政策提供参考与借鉴。

第三节　农民群体弱势化趋势治理的关键要素

农民群体弱势化趋势治理是政府和社会为解决农民群体弱势化趋势而采取的公共行动。但是,农民群体弱势化趋势治理不是一种随意的公共行动,而是在一定政治、社会和经济框架中所采取的制度化行动。因而,要完成农民群体弱势化趋势治理行动,必须要明确回答由谁来进行治理,从哪里获取资源,怎么治理等问题。显然,对农民群体弱势化趋势治理的关键要素进行分析,是我们研究农民群体弱势化趋势治理的重要基础。

一、农民群体弱势化趋势治理的主体

农民群体弱势化趋势治理首先要明确具体的治理主体,即社会中哪些部门、组织和个体

---

① 陆学艺主编《当代中国社会结构》,社会科学文献出版社,2012,第17页。
② 俞可平主编《论国家治理现代化》,社会科学文献出版社,2015,第18页。
③ 同上书,第20页。
④ 同上书。
⑤ 同上书。

应该为农民群体弱势化趋势治理承担责任。明确农民群体弱势化趋势治理的主体既是农民群体弱势化趋势治理行动的开端,也是整个农民群体弱势化趋势治理的重要基础。显然,在农民群体弱势化趋势治理研究中,明确农民群体弱势化趋势治理主体是一个最基本的问题。在当代各国,社会中的各个部门、组织、群体和个人以不同的角色参与农民群体弱势化趋势治理实践,但他们参与农民群体弱势化趋势治理实践不是随意性的,而是按照某种制度化的安排参与农民群体弱势化趋势治理实践。因而,农民群体弱势化趋势治理主体是一个制度化的行动者体系,在农民群体弱势化趋势治理实践中,每个行动者都会依据相应的制度规范获得相应的权利,并承担起与其权利相对应的责任。

在现实的农民群体弱势化趋势治理实践中,各个部门、组织、群体和个人以不同的方式参与农民群体弱势化趋势治理行动,在农民群体弱势化趋势治理的实践中扮演一定的角色,为农民群体弱势化趋势治理实践做出了不同的贡献。具体而言,农民群体弱势化趋势治理的主体,主要承担着以下几个方面的角色:第一,农民群体弱势化趋势治理的责任者。农民群体弱势化趋势治理的主体首先是治理的责任者,即为了更好地解决农民群体弱势化趋势问题承担责任的个人、部门、组织或群体。从广义上来看,农民群体弱势化趋势治理应该是全社会的责任,即社会中的每个人、部门、组织和群体都负有一定的责任。第二,农民群体弱势化趋势治理的组织者。农民群体弱势化趋势治理是一个浩大而复杂的公共行动,它除了需要全体社会成员参与之外,还需要有特定的机关部门承担起组织的任务,负责起农民群体弱势化趋势治理法规的制定、资源的调动、部门之间的协调等内容。第三,农民群体弱势化趋势治理资源的提供者。农民群体弱势化趋势治理实践需要大量的资源作为支撑,其中最重要的是人力资源和物质资源的支撑。农民群体弱势化趋势治理作为一项涉及国家长治久安的行动,其资源的获取应该来自全社会,但在这个过程中需要一定的组织或个人将这些资源整合起来,支持农民群体弱势化趋势治理实践。第四,农民群体弱势化趋势治理的实施者。通过采取不同的方式和服务,完成农民群体弱势化趋势治理行动,取得相应的治理效果。

在我国,农民群体弱势化趋势治理作为一项复杂的"社会工程",其实践是由多元化的行动主体共同参与的行动体系。一般而言,这些主体主要由以下几类构成:第一,政府是农民群体弱势化趋势治理的最重要主体。作为农民群体弱势化趋势治理主体中最重要的部分,政府在农民群体弱势化趋势治理实践中承担着最主要的责任。政府在农民群体弱势化趋势治理中的责任首先表现为它的组织责任,组织责任包括制定各种法规、协调治理行动、组织治理方案等方面;其次是它的资源供给责任,包括财政资源、人力资源、物质资源等方面供给;最后是它的实施责任,即通过各种行动、角色扮演等完成农民群体弱势化趋势治理任务。第二,非政府组织是农民群体弱势化趋势治理的重要主体。一方面,它在农民群体弱势化趋势治理实践中扮演着重要的资源供给责任,即通过各种渠道募集资金、物资和人力支持,进而为农民群体弱势化趋势治理奠定重要的资源基础;另一方面,它在农民群体弱势化趋势治理实践中扮演一定的实施者角色,通过积极地为农民群体提供各种社会服务,推动农民群体弱势化趋势问题的解决。第三,其他组织和个人是农民群体弱势化趋势治理的重要推动者。农民群体弱势化趋势治理是一项全民工程,只有动员全社会的力量才能够实现。因此,每个组织和个人都应该承担起相应的责任,其具体责任主要包括两个方面:一方面,通过捐赠等方式向农民群体弱势化趋势治理实践提供资金支持;另一方面,通过直接提供社会服务,来推动农民群体弱势化趋势问题的解决。综上所述,我们可以发现,农民群体弱势化趋势治理不是政府或某一部门的事情,它是全社会共同的责任。

二、农民群体弱势化趋势治理的资源

在当代社会,农民群体弱势化趋势治理已经成为一个庞大的公共行动体系,它的顺利实施需要大量的资源作为支撑。因而,如何调动资源,就成为农民群体弱势化趋势治理实践中又一重要问题。通常,农民群体弱势化趋势治理实践需要各种各样的资源,从其资源投入的形式来看,主要包括资金性资源和非资金性资源两大类别。在农民群体弱势化趋势治理实践中,政府和其他各类组织通过各种方式调动资源,以保证农民群体弱势化趋势治理实践的顺利进行。从各国农民群体弱势化趋势治理的资源调动方式来看,主要有以下几种构成:

第一,政府通过税收的方式来筹集农民群体弱势化趋势治理资源。在一般情况下,政府通过税收来获得财政收入,并根据农民群体弱势化趋势治理实践需要安排相应的财政支出。我们知道,税收收入是国家进行再次分配的重要资金来源,同时也是农民群体弱势化趋势治理实践最稳定的资金来源。第二,通过社会集资的方式筹集农民群体弱势化趋势治理资源。即在一个区域内,各个参与主体通过共同缴纳资金的方式来推进农民群体弱势化趋势治理实践,以满足解决农民群体弱势化趋势问题的需要。通过社会集资的方式获取农民群体弱势化趋势治理资源,其最大的好处是既能降低对政府的资源依赖,又能提升农民群体弱势化趋势治理参与主体的积极性。第三,通过社会捐赠的方式筹集农民群体弱势化趋势治理资源。在当代社会,不管捐赠者的动机如何,这些资源都能有效地推动农民群体弱势化趋势治理实践,并促进社会持续稳定发展。在发达国家,社会捐赠占农民群体弱势化趋势治理实践资源的比重越来越大。第四,通过志愿者服务的方式来获取农民群体弱势化趋势治理资源。在当今,各国都有许多志愿者活跃在农村事业的各个领域,通过提供无偿服务的方式促进农村社会经济的发展。

显然,足够的资源是保证农民群体弱势化趋势治理实践得以有效进行的物质基础,同时也是衡量农民群体弱势化趋势治理水平的重要指标。因此,在我国农民群体弱势化趋势治理中,我们应积极通过各种方式来增加农民群体弱势化趋势治理资源,以更好地推动农民群体弱势化趋势的治理实践。

三、农民群体弱势化趋势治理的机制

农民群体弱势化趋势治理的机制是指农民群体弱势化趋势治理实践各个环节运行的基本方式。广义上看,农民群体弱势化趋势治理的机制涵盖了农民群体弱势化趋势治理实践的所有阶段和环节,包括农民群体弱势化趋势治理的组织、资源的调动、服务的传递等内容。从狭义上看,农民群体弱势化趋势治理的机制主要是指服务的传递机制。即是治理的主体如何将筹集的资源转化为一定的服务方式,让农民群体摆脱弱势化趋势的过程。农民群体弱势化趋势治理的效果,不仅取决于丰富的资源,而且还需要科学合理的运行机制。具体而言,科学合理的运行机制,对农民群体弱势化趋势治理实践的影响表现为以下几个方面:

首先,科学合理的运行机制可以规范农民群体弱势化趋势治理实践中各个参与主体的行为。农民群体弱势化趋势治理会涉及多数社会成员及群体的切身利益。科学合理的运行机制,可以有效地规范农民群体弱势化趋势治理主体的行为,保证农民群体弱势化趋势治理实践向合理化的方向前进,避免农民群体弱势化趋势治理实践出现目标偏差。其次,科学合理的运行机制可以提升农民群体弱势化趋势治理实践的效率。科学合理的运行机制将使农民群体弱势化趋势治理实践的效率进一步提高,使所投入的资源在解决农民群体弱势化趋势问题中发挥更大的作用,进而获得更多社会成员和群体的支持。最后,科学合理的运行机制可以增强农民群体弱势化趋势治理实践的效果。科学合理的运行机制可以使农民群体弱势化趋势治理的"资源供应——服务传递"更加流畅,以便使农民群体能够在农民群体弱势化趋势治理实践中更好地获益。因此,在我国农民群体弱势化趋势治理中,我们不仅要重视农民群体弱势化趋势治理资源的获取,还应重视农民群体弱势化趋势治理的机制建设。

第四节　农民群体弱势化趋势治理的主要理论依据

在马克思理论体系中,社会公正是一个重要命题,尽管马克思没有出版过关于社会公正方面的论著,但他在批判资本主义私有制、建立社会主义制度、实现全人类的彻底解放等研究中,对社会公正相关问题进行了间接的阐释。"马克思讥笑最厉害的是资产阶级关于自由平等的空话,马克思在他的所有经济著作中都阐明了这一点。"[①]马克思从历史唯物史观出发,对社会公正思想的论证摆脱了资产阶级思想家们的局限性,为我们精准把握社会公正问题提供了全新的理论框架。

一、马克思的社会公正思想

在系统分析马克思社会公正思想之前,我们首先应该对马克思社会公正思想的理论渊源进行分析和考察,这是我们精准把握马克思社会公正思想的重要前提。"大凡一种学说,决不是劈空从天上掉下来的。我们如果能仔细研究,定可寻出那种学说有许多前因,有许多后果。要不懂得它的前因,便不能懂得它的真正意义。要不懂得它的后果,便不能明白它的历史上的位置。"[②]

1. 马克思社会公正思想的理论渊源

其一,德国古典哲学理论。从马克思社会公正思想形成的历史过程来看,德国古典哲学理论蕴含的社会公正观对马克思社会公正思想的构成产生了重要的影响。德国古典哲学理论是资产阶级反对封建主义的重要思想体系,他们在吸收西方资本主义启蒙思想积极成分的基础上,提出正义、自由、人类解放等主张,这些主张逐渐成为西方社会的核心价值要素,也为马克思社会公正思想的形成提供了直接的理论来源。

黑格尔的社会公正思想。黑格尔作为德国古典哲学的杰出代表,其哲学理论观点不仅对西方哲学的发展产生了深远影响,同时也对马克思历史唯物主义理论体系的构建产生了重要的影响。黑格尔将世界的本原理解为"绝对精神",在对社会公正概念的阐释上,黑格尔奉行唯心主义社会公正观,他将理性与正义相等同,视社会正义为精神发展的过程。在黑格尔的理论体系中,他视正义为"绝对精神"的化身。在社会公正的实现途径上,黑格尔认为社会公正是理性的化身,只要按照理性的原则来构建社会制度、法律体系等,就能够建立起公正的社会,社会成员也就能从封建压迫中解放出来,获得自由、平等和解放。黑格尔认为国家是社会公正的重要保证,国家应当通过保证每个社会成员的自由来实现社会正义,同时他指出君主立宪制是人类社会最优的政治体制,每个社会成员都应该维护这一政治制度,从而

---

① 列宁:《列宁全集 第36卷》,人民出版社,1984,第179页。
② 胡适:《中国哲学史大纲》,团结出版社,2004,第29页。

保证社会公正实现。马克思在对黑格尔哲学体系的梳理、剖析、批判中,敏锐地发现了黑格尔社会公正思想的局限性。一方面,马克思认为黑格尔的社会公正思想颠倒了思维和存在的关系,并不能有效地解决资产阶级社会出现的现实问题,实现社会公正。马克思指出黑格尔将社会公正观以意识形态方式表现出来,将社会正义"绝对精神"化,其根本目的是为了更好地服务于资产阶级统治的需要,维护君主立宪制。另一方面,马克思认为君主立宪制国家并不能代表多数贫困人员的利益,主要是为少数社会成员的特殊利益服务。同时,马克思还指出个人和家庭是国家构成的重要基础,没有这一重要基础国家就不可能出现。因而,他认为黑格尔"国家决定市民社会"的观点是错误的。当然,马克思并没有将黑格尔社会公正思想研究仅停留在批判层面,他在反思黑格尔社会公正思想的基础上,也肯定和继承了黑格尔社会公正思想中一些积极的部分。马克思虽然对黑格尔关于社会正义的理解及实现路径并不认同,但黑格尔强调通过制度和法律的构建来实现社会正义的理念,对马克思国家及社会公正的观念形成产生了较大的影响。黑格尔强调通过制度和法律的构建来实现社会正义的思想,为马克思提出通过建立社会主义制度来实现人类社会公正的主张产生了重要的推动作用。

康德的社会公正思想。康德作为德国古典哲学理论的创始人和奠基者,在社会公正问题上,他将社会公正与人的主体性及自由结合起来,并围绕人的主体性和自由精神来弘扬资本主义人本主义思想。康德强调人的主体意识,并认为人不是手段而是目的。"唯有人才是目的本身。"[①]康德非常反对将人视为手段,他认为单纯地将人视为手段,不仅会损害人的尊严,同时也违背了人的本质。康德认为自由是人的本质,也是人最重要的权利,每个人的自由需求都应该获得有效的保证,不得以任何借口进行侵犯。"自由是每一个由于其人性而具有的独一无二的、原初的权利。"[②]当然,康德也指出了不是人的所有需求都是理性的,他认为只有"意志自由"才是建立在理性的基础上的自由,是真正的自由。康德指出"意志自由"应获得有效的政治和道德保护,他认为社会成员作为理性的存在者应公平的分享自由,公平的自由应该成为每个社会成员的基本权利,获得法律的同等保护。康德认为只有通过强制的法律体系和政治制度,维护好每个社会成员的自由权利,社会公正才能够真正实现。因而,在康德看来公正的社会应该建立完善的法律制度,使每个社会成员都能平等地拥有一定的法定权利,确保每个社会成员的自由都不会受到侵犯。显而易见,在对社会公正问题的思考上,康德以人的主体性原则为中心,将人的本质与社会公正结合起来,认为自由是社会公正原则的重要基础。康德将社会公正与自由意志结合起立,用理性来批判现实,这不仅奠定了西方古典自由主义的理论基础,也对马克思社会公正思想的形成产生了重要影响。具体而言,一方面,受康德社会公正观的影响,马克思在自己哲学体系的构建中非常重视对自由的研究。但与康德不同,马克思将社会公正的研究与社会现实结合起来,从现实的物质世界来反思社会公正问题,探索建立公正社会的具体途径,从而超越了康德的社会公正思想。另一方面,康德以人的主体性原则为中心,重视人的自身价值,将人视为目的的本身,主张通过构建法律体系和完善政治制度来保证人与人之间的公正平等,也触动了马克思对人类幸福、平等和尊严的思考,为马克思社会公正思想的产生提供了重要的思想源泉。

费尔巴哈的社会公正思想。费尔巴哈对人本主义的推崇对西方社会产生了很大的影

---

① 康德:《实践理性批判》,韩水法译,商务印书馆,1999,第95页。
② 康德:《道德形而上学原理》,苗力田译,上海人民出版社,2012,第69页。

响,费尔巴哈重视人的价值和尊严,将人的类本质归纳为理性、意志和爱,并认为人的类本质是人与动物的根本区别。"人跟动物的本质区别,最简单、最一般、最通俗的回答是:意识。"①费尔巴哈的这一观点,明确了人的类本质和人的主体性地位。与黑格尔"绝对精神"观点不同,费尔巴哈认为人不是纯粹抽象的,人是具体的存在,是感性的实体。费尔巴哈在对人本质进行反思的基础上,也深入思考了社会成员的本性追求。他认为人不仅具有追求物质满足的本能,同时也具有追求幸福的本能,同时他又指出人这两种本能的实现,仅仅依靠社会成员个体是难以完成的,它还需要一定的社会条件。对于社会公正问题,费尔巴哈也从人的本能需要进行思考。他认为每个社会成员都应该具有追求自己幸福的平等权利,并指出人类追求幸福的权利是绝对的,它适合于任何时代和任何情况。同时费尔巴哈指出,社会成员幸福的满足及社会公正的实现,在很大程度上取决于物质需要的满足,他认为只注重个人权利的平等,而不重视物质需求满足的社会公正是软弱的。显然,费尔巴哈对社会公正的理解,不再是单纯地从抽象的人出发,而是从现实物质社会的人出发来探索社会公正问题,从而使社会公正问题的研究逐渐走出了唯心主义的迷雾。马克思虽然对费尔巴哈关于社会公正问题及人的本质需求等观点进行了批判,但不可否认的是马克思在社会公正的实现、社会成员与自然的关系等方面,受到了费尔巴哈的启发。

其二,英国古典政治经济学理论。古典政治经济学理论是西方近代资产阶级最重要的政治经济学说之一。17 世纪中期后,古典政治经济学家以资本生产领域为研究对象,系统探讨了生产、分配、消费、交换等问题,提出了自由放任、个人责任、劳动是收入的主要来源等理论观点,这些理论观点不仅奠定了西方劳动价值理论的经济学基础,同时也对西方社会公正思想产生了较大的影响。古典政治经济学者所推崇的自由观点深深地影响了西方社会公正思想的基本内容,即他们强调社会不公正现象的出现是个人责任的结果,社会公正的实现不应该依靠社会和政府,而是要依靠社会成员自己,这种责任观点反映出古典政治经济学者对社会公正的态度。马克思在对古典政治经济学的研究和批判中,系统阐述了人类各种社会生产关系,澄清了以往人们在这一问题上的错误认识,这不仅对世界政治经济学的发展产生了重要的影响,而且对社会公正思想的丰富也产生了重要的推动作用。

亚当·斯密的社会公正思想。亚当·斯密作为西方古典政治经济学的奠基人和杰出代表,并没有单独对社会公正问题进行探讨和研究,关于社会公正方面的思想也主要集中在他的劳动价值论、工资、社会财富分配等经济理论中。在对劳动价值和工资理论的研究中,斯密认为人类社会收入最重要的来源是劳动。他指出任何社会成员,只要其收入来自自己的资源,他的收入一定来源于他的劳动、资本或土地,这三者分别称为工资、利息和地租。同时斯密还指出,在任何国家、任何时代,社会成员创造的财富都不能完全用于劳动阶级,因为劳动者创造的部分财富要贡献给以封建地主阶级为代表的游惰阶级进行消费。"无论哪一个国家,每年都有大部分生产物归游惰阶级消费。"②在斯密看来能否实现社会公正,主要看社会劳动财富如何在劳动阶级与游惰阶级之间进行分配,如果社会劳动财富分配不合理将会导致社会贫富差距。

关于工资理论,斯密认为工资是劳动者生活的主要来源,也是维持劳动者生命延续的重要保障。因而,他强调工资标准应该满足劳动者的基本生活需求。"普通最低级劳动者夫妇

---

① 费尔巴哈:《关于哲学改造的临时纲要》,生活·读书·新知三联书店,1958,第15页。
② 亚当·斯密:《国富论》,郭大力、王亚南译,上海三联书店,2009,第47-48页。

的劳动,所必须取得的额数,也须超过维持他俩自身生活所必要的程度。"①同时,斯密也指出劳动者的工资收入往往与劳动力的供给情况有关,当劳动力供大于求时劳动者工资收入就会降低,反之,劳动者工资收入就会增加。显然,斯密将西方社会中的经济不公正问题与工资理论联系起来,认为西方劳动者收入偏低的原因是劳动力过剩造成的。斯密在对劳动价值和工资理论研究的基础上,也对社会财富的再分配提出了自己的理论观点。斯密认为社会财富的增长要服务于人类幸福的需要,应该致力于改善普通社会成员的生活状况。他指出要实现社会的繁荣幸福,就要解决多数社会成员贫困的问题。斯密提倡劳动收入较高的社会成员可以把自己剩余的一部分财富拿出来帮助弱势的社会成员,从而在一定程度上推动社会公正的发展。但作为古典政治经济的奠基人,斯密坚决反对政府过多地干预社会剩余财富的分配,他认为政府过多地干预社会财富分配,不但无法解决社会贫困问题,而且还会导致社会收入的减少。

马克思对斯密提出的劳动价值、工资、社会财富分配等理论观点进行了深入分析,并在批判性吸收的基础上提出了自己的劳动价值论,创立了无产阶级政治经济学。与斯密不同,在社会不公正产生的原因上,马克思用剩余价值规律理论来解释社会不公正问题,从而找到了资本主义社会不公正的根源所在。针对斯密提出劳动是社会成员收入的来源,马克思认为社会成员劳动收入并不是他们劳动的全部收入,其劳动成果的一部分将被资本家无偿占有。"资本家是靠占有他人无偿劳动发财致富的,有产阶级胡说的正义、平等皆是虚伪的空话。"②马克思通过对斯密劳动价值论、工资、社会财富分配等理论观点的分析,一针见血地指出了无产劳动者被剥削的经济根源,同时也找到了私有制社会不公正的根源所在,从而使他的社会公正思想逐渐得以完善。

李嘉图的社会公正思想。大卫·李嘉图作为英国著名的古典政治经济学家,其社会公正观点主要集中体现在他出版的《政治经济学及赋税原理》一书中。李嘉图在西方社会经济研究中很少直接探讨社会公正问题,关于社会公正方面的观点也主要蕴含在他对政治经济问题的论证中。具体而言主要表现在三个方面。第一,李嘉图认为人口增长与财富增长之间的不平衡、社会成员愚昧等现象可能会导致社会不公正问题出现。李嘉图认为人口的发展会受到生产力发展水平、社会财富增长的制约,如果人口增长过快而生产力水平发展缓慢,社会将容易出现贫困、饥饿等不公正问题。同时,他还认为社会成员自身的愚昧无知也会导致贫困、饥饿等灾难。李嘉图指出解决贫困、饥饿等灾难的途径主要有两种,或者是减少人口或者是迅速地增加资本。"在富庶的国家,肥沃土地一般已被投入耕种,增加资本的补救办法只会使所有阶级陷入贫困;在贫穷国家积累资本是唯一安全有效的祛除灾害的办法。"③第二,李嘉图认为劳动者的工资收入应能满足日常的生活需要,并能维持人口再生产的需要,同时他还认为劳动者的工资会受劳动力供需关系的影响,劳动力稀少时劳动者收入高,反之会较低。李嘉图认为通过控制人口的增长,特别是控制贫困人口的增长,可以有效维持多数社会成员有一个较高的生活水平,从而减少社会不公正问题的出现。"当劳动者生活状况十分困苦时,只有使贫困劳动者人数减少,劳动者的生活水平才会得以改善。"④第

---

① 亚当·斯密:《国富论》,郭大力、王亚南译,上海三联书店,2009,第47－48页。
② 马克思、恩格斯:《马克思恩格斯选集 第3卷》,中共中央马克思恩格斯列宁斯大林著作编译局译,人民出版社,1995,第338页。
③ 李嘉图:《政治经济学及赋税原理》,郭大力、王亚南译,商务印书馆,1962,第82－83页。
④ 同上书,第77－78页。

三,李嘉图反对国家干预社会经济生活,主张实行自由放任的政策。"工资应当由市场上公平而自由的竞争决定。"①李嘉图认为国家通过行政手段不但无法解决社会经济中的不公正问题,同时还会导致出现新的不公正。李嘉图认为社会剩余财富的再分配,不能使穷人变富,反而会使富人变穷,从而变相地鼓励了懒惰者。

李嘉图将贫困、工资低等不公现象与人口增长、社会成员愚昧等联系起来,并将其视为社会经济不公正的根源,反对政府干预社会经济事物。他认为社会经济发展具有自身的特定规律,每个社会成员只要按照这一规律行事,保证社会经济的正常运行,社会公正就能够实现。马克思对李嘉图的理论观点研究发现,李嘉图所宣扬的工资、人口增长、自由放任等理论,其出发点是为了维护资产阶级的利益,最终的目的是为资本主义剥削制度找到理论根据,因而,李嘉图的理论观点无法有效地解决人类社会的公正性问题。马克思在《政治经济学批判中》指出,社会公正思想作为人们意识表现,最终由社会生产关系决定,即生产方式决定了社会公正观念,而不是社会公正观念决定生产方式。因此,马克思认为只有坚持从社会生产关系出发来思考社会公正问题,才能对社会公正做出科学合理的判断。因而,马克思在研究李嘉图政治经济理论的过程中,进一步丰富和完善了自己的社会公正思想。

其三,空想社会主义理论。空想社会主义是近代西方一种崭新的社会思潮。空想社会主义理论家们对西方资本主义社会存在的弊端进行了无情的批判,揭示了社会不公正现象存在的根源,提出了解决社会不公正现象的具体办法,勾画出未来理想社会的蓝图,并对一些美好的社会设想进行了一些实践性尝试。在解决资本主义社会不公正现象的途径上,空想社会主义理论家强调要从根本上铲除资本主义私有制,但遗憾的是这些理论家没有发现和找到铲除资本主义私有制的经济和阶级基础,导致他们所提出的理论设想表现出鲜明的空想性。尽管空想社会主义理论家所提出的一些社会公正观点缺少实现的可能性,但他们关于理想社会的设想和具体实践深刻地影响了马克思理论的发展,尤其他们对西方资本社会弊端的无情揭露和批判,更为马克思批判资本主义社会不公正现象提供了思路和素材。

早期空想社会主义者的社会公正思想。西方早期的空想社会主义者代表人物主要有莫尔、康帕内拉和马布利,他们专注于揭露资本主义社会发展过程中出现的各种不公平现象,并对引起社会不公平现象的资本主义私有制展开了无情的批判,期望通过社会变革建立起美好、公正、平等的社会制度。于是,以他们为代表的空想社会主义理论应运而生。

空想社会主义的鼻祖莫尔对英国社会不公现象进行了揭示和分析,并勾画描述了未来理想社会的状态。他认为贫困和流民问题是当时英国最不公平的社会现象,并指出频繁的战乱、圈地运动、有产阶级的不劳而获是导致这些社会不公平现象的罪魁祸首。"有大批贵族,这些人像雄蜂一样,一事不做,靠别人的劳动养活自己。"②"有些佃农则是在欺诈和暴力手段之下被剥夺了自己的所有……离开他们熟悉的家乡,却找不到安身的去处。"③莫尔在批判英国社会不公正现象的同时,提出了从根本上解决社会不公正现象的美好设想。他认为可以通过废除私有制、共同劳动、弘扬人道主义等方式解决社会发展过程中出现的不公正问题,使全体社会成员达到普遍幸福和一切平均享有的目的,实现一个国家的正义和繁荣。

---

① 李嘉图:《政治经济学及赋税原理》,郭大力、王亚南译,商务印书馆,1962,第82-88页。
② 托乌斯·莫尔:《乌托邦》,第2版,戴馏龄译,商务印书馆,1982,第21页。
③ 同上书,第22-23页。

"如果不彻底废除私有制,产品不可能公平的分配,人类不可能获得幸福。"①意大利空想社会主义者康帕内拉在反对西班牙统治的斗争中对现实社会中各种不公平现象进行了反思和批判。他指出私有制、社会腐败等现象的存在是导致社会不公正现象的主要根源。"极端的腐败现象笼罩着全世界。"②因而,和莫尔一样,康帕内拉也极力主张废除私有制,建立一种共同劳动的公有制社会。"财产公有制是一种最好的制度。"③同时,康帕内拉认为,未来理想的社会还应该是一种和谐自然的社会,这样的社会注重互帮互助、重视社会福利、向往和谐自然。另一位著名的法国空想社会主义者马布利,同样对西方现实社会中不公正现象进行了批判,但他更加关注对西方社会不公现象出现的原因进行分析,在解决西方社会不公正问题的方式选择上,他更加看重政治自由和法制建设的作用。马布利认为社会公正是自然赋予每个社会成员的基本权利,政府和社会应采取一切措施来维护社会成员的权利,有效地保障社会成员的幸福和平等。"我们与大自然是平等的……自然界赋予大地的一切财富属于每个人,自然界没有创造不平等……它没有预先规定谁是谁的主人。"④

19世纪空想社会主义者的社会公正思想。19世纪空想社会主义者代表人物主要有圣西门、傅立叶、欧文等,他们对资本主义私有制造成的社会不公正现象进行了无情的揭露和批判,并将铲除社会不公正现象的途径转向消灭资本主义制度。与早期空想社会主义者相比,这一时期的空想社会主义者对资本主义社会不公正现象进行批判的同时,开始提出一些具体的解决社会不公正问题的办法,并对一些美好的社会理论构想进行了一些实践尝试,从而使这一时期空想社会主义者的公正思想具有一定的实践性。

圣西门作为法国著名的空想社会主义理论家,十分关注法国社会的贫困、失业等社会不公正问题,并对其进行了系统的研究,提出了一套鲜明的空想社会主义学说。其主要社会公正思想反映在三个方面。第一,圣西门认为人类社会发展是一个逐渐完善的过程,只有主动的推动社会体系不断更新,满足社会发展的实际需要,社会才能进步。"只有与当时社会状况相适应的社会制度才能长期存在下去。"⑤圣西门指出可以用四个标准来衡量社会进步状况,即大多数社会成员能否过上幸福的生活、德行高尚的人能否拥有最大机会、社会群体之间是否高度团结合作、社会创新能力是否增强。第二,圣西门提倡通过社会改革来改善人类社会的精神和物质福利,并指出国家、政府和社会组织应负责起社会改革的重任。政府唯一的职责就是为社会造福。圣西门指出政府要实现造福社会的目标,就要解决所有制的问题,建立公正的社会分配制度。"如何规定所有制,使它既兼顾自由和财富,又造福整个社会。"⑥第三,圣西门认为法国政治机构已经沦为压榨人民血汗的机器,造福法国社会的重任不能寄托于政府机构,而是要通过"实业体系"来改造社会。圣西门对实现社会公正目标提出了一系列美好的设想,但由于缺乏暴力推翻资本主义制度社会的勇气,其计划最终只能沦为空想。

傅立叶作为19世纪法国另一位空想社会主义理论家,他非常关注对社会运行规律的研究,他用宇宙运动的观点来解释人类社会,并提出科学地把握社会运动的规律是人类社会走

① 托乌斯·莫尔:《乌托邦》,第2版,戴馏龄译,商务印书馆,1982,第21页。
② 康帕内拉:《太阳城》,陈大雄、黎思复、黎廷弼译,商务印书馆,1980,第52页。
③ 同上书,第74页。
④ 马布利:《马布利选集》,何清新译,商务印书馆,1960,第24-28页。
⑤ 圣西门:《圣西门选集 第一卷》,王燕生,徐仲年,徐基恩,译,商务印书馆,2011,第217页。
⑥ 同上书,第188页。

向幸福的重要前提。他对社会公正的思考体现在三个方面。第一,傅立叶认为近代工业制度是造成社会不公正问题出现的重要原因。他指出近代工业制度加剧了社会分配的不合理,给社会带来贫困及各种利益冲突,从而导致人类社会陷入苦难和不幸之中。第二,为了消除工业文明给人类社会带来的种种不幸,傅立叶提出通过建立劳动协作组织使人们获得真正的幸福。傅立叶认为劳动协作组织不仅包括人与人、阶层与阶层之间的协作,而且还包括精神方面的协作。第三,傅立叶认为社会保障制度是社会进步的必然选择,他提出文明的社会应建一个综合性的社会保障体系,即为贫困阶级建立生存的劳动保障,为有产阶级建立社会关系方面的真理保障。

欧文作为英国空想社会主义理论家,毕生致力于社会主义制度理论研究,提出了一些影响较大的理论观点。具体而言,欧文对社会公正的思考体现在四个方面。一是,与傅立叶一样,欧文认为工业化在带来社会财富的同时,也带来贫困、失业等社会恶果。"人类劳动力不值钱是普遍使用机械的结果。"[①]二是,私有制是社会不公正现象的根本原因所在。他认为私有制是社会无数祸害的根源,它不仅造成了贫困、失业等不公正问题,同时也造成了人与人之间的仇视、欺骗、讹诈等现象。三是,欧文提出了建立"公社"制度、"新村"制度、"理性"制度等设想。他认为在理性的社会制度中政府一心为社会成员谋幸福,社会成员之间的关系是平等的,大家共同享用社会财富。四是,欧文把实现社会公正的希望寄托在雇主身上,他希望通过雇主的合作来建设新的社会制度,并处处为雇主的利益着想。欧文提出的社会公正思想,较以前空想社会主义理论更加具体,并且他也通过各种试验和尝试使自己的社会公正思想更加具有实践性。但在实现社会公正力量的依靠上,他把希望寄托在雇主身上,显然所托非人,也导致其社会公正思想没有从实质上脱离空想的色彩。

2. 马克思社会公正的内涵解读

通过对马克思所著的经典文献梳理可发现,马克思并没有对社会公正问题进行专门的讨论和研究,甚至也没有对社会公正的范畴做出明确具体的界定,但是马克思一生所做的研究都与实现社会公正密不可分,他也从未放弃对真正社会公正的追求。因而,认真梳理、探寻、总结马克思理论著作中的社会公正学说,深入挖掘社会公正内涵,对我们理解社会主义公正具有重要意义。马克思社会公正思想之所以与资产阶级理论家不同,其根本原因在于马克思是站在历史唯物主义的立场上思考社会公正问题。马克思社会公正思想能成为引领人类社会走向真正公正的理论,其最根本的原因也是马克思能彻底摆脱唯心主义思维逻辑的怪圈,提出了建立在实践基础之上的历史唯物主义,实现对传统社会公正范畴理解的超越。因而,坚持历史唯物主义立场是理解马克思社会公正内涵的重要基础。一方面,社会公正的根本情况受制于一定的社会生产关系。也就是说,社会公正思想作为人们意识的表现形式,它是由社会生产关系决定的。"物质生活的生产方式制约着整个社会生活、政治生活和精神生活的过程。"[②]因而,社会公正观念作为调节人类社会关系的重要意识,是由一定的物质生活生产方式决定的,而不是单独抽象的人类意识活动。另一方面,在私有制社会里未曾有过真正的公正,社会不公正现象也必然成为常态。"至今的全部历史都是在阶级对立和阶级斗争中发展的;统治阶级和被统治阶级,剥削阶级和被剥削阶级是一直存在的;大多数

---

①　欧文:《欧文选集　第一卷》,柯象峰、何光来、秦果显译,商务印书馆,1979,第178页。
②　马克思、恩格斯:《马克思恩格斯选集　第2卷》,中共中央马克思恩格斯列宁斯大林著作编译局译,人民出版社,1995,第32页。

人总是注定要从事艰苦的劳动而少数人能得到享受。"①马克思认为尽管近代资产阶级理论者推崇自由、公正和民主,但受生产资料所有制的限制,他们的思想不可能也无法真正付诸实践,自由、公正和民主只能成为欺世之语,在资本主义社会中不可能有实质性的平等。马克思认为在私有制社会中,自由、公正和民主只能成为有产阶级掩盖其"剥削"本质的工具。

从历史唯物主义立场出发来理解社会公正内涵,至少能够给我们带来两点重要启示:一是,要想对社会公正内涵有一个精准的判断,就要把它放到一定的生产关系中去考察。也就是说社会公正思想是生产力发展到一定阶段的产物,对社会公正内涵的考察要与每个时期的生产力发展阶段结合起来。二是,资本主义社会里不存在实质意义上的公正,只有推翻资产阶级统治,消灭阶级,建立起公有制社会,社会公正才能真正实现。因而,马克思认为消灭阶级是实现社会真正公正的前提。在对社会公正内涵的考察中,马克思不仅从政治、经济、阶级等视域来研究社会公正问题,还从人类的尊严、平等、自由等视域来思考社会公正问题,进而更加深入地挖掘社会公正的内涵。马克思认为保证每个人的基本生存和发展权利是一个社会的底线公正,也是维护人类种属尊严的基本保证。马克思认为在一个文明社会中,只有对每个社会成员的生存和发展权利给予切实的保证,才能从最起码的底线意义上体现出对人类本质的尊重,也才能从最为本质的意义上体现出什么是社会公正。恩格斯指出,"一切人,或至少是一个国家的一切公民,或一个社会的一切成员,都应当有平等的政治地位和社会地位"②。马克思认为,在生产力发展落后及私有制国家,人的种属尊严是难以获得有效保障的,恢复人的种属尊严是无产阶级革命者的重要任务。

马克思认为平等、自由是文明社会的重要价值准则,同时也是实现社会公正目标要解决好的核心问题,因而考察马克思社会公正的内涵,就要系统地梳理马克思对平等和自由的论述。近代资本主义理论家在启蒙运动的影响下,非常热衷于对社会平等、自由等进行讨论,并期望把它们变成人类社会的永恒价值,如影响较大的有"天赋人权""契约论"等。马克思认为资本主义理论家的社会平等与自由理论对推动人类社会公正的发展具有积极的贡献,但同时也指出他们的社会平等与自由理论存在着严重的缺陷,那就是他们所论述的自由与平等不是实质意义上的自由与平等,而是形式意义上的自由与平等。"平等权利在口头上是被承认了。"③因而,马克思认为平等在资本主义国家具有很大的局限性。关于自由,马克思认为只有在人类社会发展的最高阶段共产主义社会,社会成员才拥有真正的、充分的自由。因而,马克思认为人类社会要真正实现平等与自由,实现社会公正,就必须消灭阶级。

3.马克思社会公正的主要内容

正确地揭示马克思社会公正思想的具体内容可以帮助我们更好地认识社会发展的基本规律及趋势,有助于我们树立正确的社会公正观,从而在现实社会生活中更好地维护自己的基本权益。具体来看,马克思社会公正思想所包含的内容主要有以下几个方面。

第一,推动社会经济发展成果共享是马克思社会公正思想的重要内容。马克思认为公正的社会一定是社会经济发展成果能够获得充分共享的社会。如恩格斯所描述的那样"所

---

① 马克思、恩格斯:《马克思恩格斯选集 第3卷》,中共中央马克思恩格斯列宁斯大林著作编译局译,人民出版社,1995,第338页。
② 同上书,第444页。
③ 马克思、恩格斯:《马克思恩格斯选集 第4卷》,中共中央马克思恩格斯列宁斯大林著作编译局译,人民出版社,1995,第239页。

有人共同享受大家创造来的福利。"①马克思认为在资本主义社会中社会经济发展成果被少数人占有,多数人的利益受到损害,这样的社会必定是一个病态的社会,也不可能是一个公正的社会。马克思指出实现社会发展成果共享是社会发展的终极目标,这一目标只有在共产主义社会才能实现,即实现"各尽所能,按需分配"的社会目标。"只有到共产主义社会,才能各尽所能,按需分配。"②与资产阶级理论家社会公正思想相比,马克思社会公正思想内容更加重视社会公正的实质性,显示出巨大的历史进步性。因而,中国作为社会主义制度国家,社会经济发展成果共享应是国家最为核心的价值。在社会主义制度的建设和发展中,能否有效地贯彻执行这一核心价值是衡量和评价我们各项工作优劣的重要指标。

第二,实现人的自由全面发展是马克思社会公正思想的重要内容。人的自由全面发展理论是马克思经典著作中最为核心的部分,也是马克思一生所孜孜追求的终极目标。马克思从历史唯物主义出发,对人的本质进行了系统的研究和深入的考察,提出了人的自由全面发展理论,并将其确立为人类社会制度发展的重要目标。马克思指出,"彻底消灭阶级和阶级对立,所有人共同享受大家创造出来的福利,实现城乡的融合,社会全体成员才能得到全面发展。"③在马克思看来,社会公正的实现不仅包括经济领域的公正,它还体现在人的发展机会和自由发展的空间上。也就是说,公正的社会应保护好每个人的禀赋和能力,使其都能获得公平的自由发展空间,最终实现每个社会成员"各尽所能,各得其所"。

第三,以人为本与弱者优先理念是马克思社会公正思想的重要内容。马克思认为要实现发展成果共享,推动人的自由全面发展,就要秉持以人为本与弱者优先的理念,这一理念也是追求社会公正的直接体现。一方面,马克思以人为本与弱者优先理念启示我们,社会经济发展要关心人类的自身需要,人民群众的需要是我们各项工作的基本出发点。"以人为本理念的第一层基本含义是,发展应当是以人为本的发展。"④另一方面,马克思以人为本与弱者优先理念启示我们,在生产力发展水平还没有达到按需分配时,以人为本的原则应当体现出对弱势群体的关心和照顾,能否保护好弱势群体的生存和发展权利,是衡量社会公正与否的重要标志。"只有以绝大多数人为本的发展,才能促成与维护社会公正。"⑤因此,社会经济改革不仅要关注经济的增长和社会的稳定,更要关心人类自身的需要,秉持"以人为本""弱者优先"理念,这是社会公正的本质要求。

4. 马克思社会公正的实现途径

马克思作为共产主义运动的伟大领袖,不仅重视社会公正方面的理论探索及研究,还在对资本主义社会不公正现象进行揭露和批判的基础上提出了一些实现社会公正的具体方法及路径。也就是说,马克思社会公正思想不仅包含着丰富的理论内涵,同时也包含着丰富的方法和技术手段。因而,系统梳理和思考马克思社会公正的实现途径,对推动我国社会主义制度的公正、持续、健康发展具有重要意义。具体而言,主要集中在三个方面。

---

① 马克思、恩格斯:《马克思恩格斯选集 第 1 卷》,中共中央马克思恩格斯列宁斯大林著作编译局译,人民出版社,1995,第 243 页。

② 马克思、恩格斯:《马克思恩格斯选集 第 3 卷》,中共中央马克思恩格斯列宁斯大林著作编译局译,人民出版社,1995,第 306 页。

③ 马克思、恩格斯:《马克思恩格斯选集 第 1 卷》,中共中央马克思恩格斯列宁斯大林著作编译局译,人民出版社,1995,第 243 页。

④ 吴忠民:《走向公正的中国社会》,山东人民出版,2008,第 52 页。

⑤ 吴忠民:《走向公正的中国社会》,山东人民出版,2008,第 56 页。

一是，马克思认为消灭私有制是实现社会公正的前提。马克思认为在私有制社会中，生产资料所有制的性质和阶级之间的矛盾决定了不可能有真正的社会公正，资产阶级理论家所倡导的自由、公正、民主等不过是欺人的谎言，是掩盖资本主义社会不公正的幌子。马克思认为"生产的物质条件以资本和地产的形式掌握在非劳动者手中，而人民大众所有的只是劳动。"如此一来就注定了资产阶级与无产阶级之间交换的不公正，资产阶级就可以明目张胆、肆无忌惮的蚕食劳动者的剩余价值。因此，马克思认为要实现社会公正，就要消灭资本主义私有制，消灭阶级。"马克思、恩格斯坚决反对用虚伪的、抽象的'公正'来欺骗民众，认为不从根本上消灭阶级对立，就不会实现真正的社会公正。"马克思将社会公正的实现与无产阶级伟大的历史使命结合起来，将推翻资产阶级政治统治，建立起无产阶级政权视为实现社会公正的基础。当然，马克思指出社会主义政权并不能实现完全的社会公正，他认为只有进入共产主义阶段真正的社会公正才能完全实现。

二是，马克思认为能否建立起合理的社会财富分配体系，是衡量社会公正化发展程度的重要指标。马克思认为经济利益分配的公正，是实现社会公正的重要基础。一国社会财富分配体系设计如何，就成为评价这个国家社会公正化情况的主要标准，即社会财富分配体系设计是否符合经济公正的价值取向，社会财富分配体系设计是否能够促进社会公平。在社会财富分配体系的构建上，马克思提出了"劳""需"结合的社会财富分配观点。他认为在社会主义阶段特别是社会主义初期阶段，应遵循按劳分配的原则，只有到人类进入共产主义阶段后社会才能实现按需分配，社会公正才能真正充分实现。马克思指出在共产主义第一阶段实行"以劳为尺度"的"按劳分配"是必须的，只有到共产主义高级阶段，社会各方条件成熟了，才能实现各尽所能，按需分配。

三是，马克思认为合理的社会保障制度是推动社会公正化发展的重要手段。一方面，马克思认为资本主义国家建立社会保障制度的根本目的并不是为了满足社会成员的生存和发展需要，而是为了削弱无产阶级者的革命意识，维持资本主义政权的延续。因而，他对资本主义社会保障制度进行了无情的批判。另一方面，马克思指出为了防止各种不幸与灾难带来的后果，有必要建立一定的社会保障制度。马克思认为一定程度的社会保障制度，是推动社会公正化发展的重要保障。

二、中国化的马克思社会公正思想

建立公正的社会制度，实现中华民族伟大复兴是近代每一个中华儿女的共同期盼，也是中国无产阶级革命者长期艰苦努力奋斗的主要目标。为建立公正的社会制度，实现中华民族的伟大复兴，我国无产阶级革命领导者在充分研究马克思社会公正思想的基础上，结合我国优秀传统文化精髓和具体国情，创造性地提出了一些影响深远的社会公正思想，形成了指导我国社会公正化发展的理论框架，极大地丰富了马克思社会公正思想体系。从中国马克思主义革命领导者的社会公正思想内容来看，他们不仅重视对马克思社会公正思想的理论研究，而且还将马克思社会公正思想付诸实践，在实践中进一步丰富和完善马克思社会公正理论。因此，系统梳理我国无产阶级革命领导者的社会公正思想，对我们深入研究中国农民群体弱势化趋势治理策略具有重要的现实意义。

1. 毛泽东的社会公正思想

毛泽东作为中国杰出的无产阶级革命领导者和新中国的主要缔造者，在吸收马克思社会公正思想的基础上，结合中国无产阶级革命实践及社会主义制度建设经验，对社会公正问题进行了深入的研究,并提出了一些促进我国社会公正化发展的理论观点,对我国社会主义发展产生了重要而深远的影响。

毛泽东在对社会公正问题的研究中,期望通过实现人民群众政治地位的平等来实现社会的公正化。通过对相关研究文献的梳理可发现,追求人民群众的政治地位平等,无疑是毛泽东社会公正思想中最为核心的内容。毛泽东认为建立人民政权,使人民群众获得平等的政治地位,是确保人民群众基本权利不受侵犯的重要保障,也是实现社会公正化发展的前提。在我国无产阶级革命中,毛泽东将人民群众获得平等的政治地位作为革命奋斗的重要目标,将捍卫人民群众的基本权利作为无产阶级革命者的重要任务,期望通过建立人民政权来实现社会的公正。"自由、平等、博爱,是资产阶级的口号,而现在我们反而为它斗争了。"①对于如何实现人民群众政治地位的平等,毛泽东认为具体的途径主要有两条:一是通过无产阶级暴力革命推翻腐朽的社会制度,建立新的进步的人民政权,为实现真正的社会公正提供必要的政治保障。二是通过建立完善的人民民主制度来保证人民群众的政治权利,使国家决策能够更好地反映人民群众的基本诉求。显然,毛泽东意识到了政治权利平等的重要性,期望通过实现人民群众政治地位的平等来实现社会的公正化。

毛泽东在对社会公正问题的研究中,认为国家和民族独立是实现社会公正的基础和前提。他指出在半殖民地、半封建社会的旧中国,不可能存在真正的社会公正。"中国人民就是要打碎帝国主义与封建势力的压迫,为争取民族和人民的自由与平等而奋斗。"②毛泽东在《新民主主义论》中对当时中国的社会性质进行了分析,明确指出了革命的对象是旧政权,并创造性地提出中国革命要分两步走的主张,第一步要进行民主主义革命,第二步要建立社会主义社会。"中国革命必须分为两个步骤,第一步,使之变成一个独立的民主主义的社会。第二步,建立一个社会主义的社会。"③毛泽东国家主权独立思想不仅指导了我国民主主义革命的胜利,而且取得了社会主义革命的胜利,为我国实现真正的社会公正奠定了重要的基础。

毛泽东在对社会公正问题的研究中,认为经济公正是社会公正的重要前提。在认真研究马克思劳动价值理论的基础上,他指出了社会生产资料占有上的私有制是社会经济不平等的根源。并认为要实现真正的社会公正,就要消灭生产资料私人占有的社会制度,为人民群众政治地位的平等、社会平等提供重要的经济保障。毛泽东为推动我国社会公正发展,在领导我国无产阶级革命和新中国的建设过程中,非常重视对社会主义生产资料占有上的公有制。一方面,在农村通过土地革命解决土地私有制造成的不平等,通过普遍推行"耕者有其田"的土地分配制度,彻底废除了封建土地所有制。这不仅铲除了几千年来农村受剥削、两极分化的不公正的经济根源,同时也调动了亿万农民的革命热情,为建立社会主义制度的新中国奠定了重要的群众基础。另一方面,在中华人民共和国成立后通过社会主义改造和人民公社运动来进一步强化社会主义公有制。从而进一步消除了资本主义萌芽,巩固了社会主义制度新生政权的稳定性。"把私有制和资本主义私有制废除了,整个民族才更有前途,更有发展希望。"④毛泽东通过推行社会资料占有上的公有制,消除了凭借生产资料所有

---

① 中共中央文献研究室编《毛泽东文集 第七卷》,人民出版社,1996,第127页。
② 中共中央文献研究室编《毛泽东文集 第二卷》,人民出版社,1999,第166页。
③ 韩喜平、庞雅莉、穆艳杰主编《马克思主义经典著作精选导读》,吉林大学出版社,2007,第250页。
④ 中共中央文献研究室编《毛泽东文集 第二卷》,人民出版社,1999,第500页。

权剥削其他劳动者的可能性,避免了剥削、两极分化等社会不公正现象,最大限度地满足了多数社会成员的经济诉求。

在对社会公正问题的研究中,毛泽东不仅关注政治、经济等方面的平等,还注重对文化平等的研究,提出了一些立场鲜明的社会公正观点。他非常痛恨封建官本位文化,在中华人民共和国成立后通过反对官僚主义、官员特权等建立起新型的干群关系,并通过弘扬干群之间、上下级之间"打成一片"的文化来克服官本位文化,避免了人民群众的尊严、权利等受到侵犯,维护了社会的公正。而且,毛泽东还通过倡导新型的"脑体关系"来改变长期以来我国"唯有读书高"的文化传统,通过推行劳动改造、大众教育等方式来彻底消除脑体差别,形成人人都是劳动者、人人平等的文化氛围,进而消除社会不公正现象。最后,毛泽东通过倡导男女平等的新文化,来改变长期以来我国"重男轻女"的旧文化。中华人民共和国成立后毛泽东同志将妇女解放运动与社会改造相结合,改变了旧社会妇女受压迫、受屈辱的悲惨局面,促进了男女之间的平等,进而消除了我国男女间不公正的社会现象。因此,毛泽东所倡导的新的文化观,对促进我国社会公正化发展产生了积极的影响。

2. 邓小平的社会公正思想

邓小平同志作为中国改革开放的领导者,从社会主义制度的本质出发,提出了要解放和发展生产力、消除两极分化和剥削现象、实现共同富裕等理论观点,这些理论观点不仅对我国社会主义现代化建设产生了深远的影响,也是对我国社会主义公正思想的不断丰富和发展。邓小平认为一个公正的社会应该是一个富裕的社会,并指出贫穷落后不是社会主义,一个贫穷的社会不可能实现真正意义上的公正。因而,邓小平提出目前我国社会主义制度最重要的任务是解放生产力、发展生产力,最终实现共同富裕。"贫穷不是社会主义,社会主义要消灭贫穷。不发展生产力,不提高人民的生活水平,不能说是符合社会主义要求的。"[①]显然,在推动我国社会公正化发展的思考中,邓小平把治理社会贫困、提高社会生产力发展水平、改善人民群众的生活质量等作为了社会公正的重要内容,并把它们作为党和政府在社会主义制度初级阶段应当完成的重要任务。"一个真正的马克思主义政党在执政以后,一定要致力于发展生产力,并在这个基础上逐步提高人民的生活水平。"[②]为了快速推动我国生产力发展,为建立一个公正的社会创造良好的物质基础,邓小平结合我国人口众多、区域间发展不平衡等具体国情,提出了要让一部分人、一部地区先富起来的发展战略,然后通过先富带后富最终实现共同富裕的目标。在邓小平这一战略思想的指导下,我国通过三十多年的改革开放,社会经济发展水平有了很大的提升,一部分人、一部地区先富起来的发展战略也基本实现,推动我国社会公正化发展的物质基础已经具备。

邓小平同志认为一个公正的社会应该是一个社会财富分配相对公平的社会,两极分化严重的社会不是社会主义,也不是一个真正公正的社会。他认为社会主义的根本目标是实现共同富裕,解放生产力、发展生产力是实现这一根本目的的手段。同时他还指出缩小两极分化、实现共同富裕是社会主义制度的优越性所在,也是强化我党执政基础,推动社会主义制度稳定发展的重要基础。"社会主义最大的优越性就是共同富裕,这是体现社会主义本质的一个东西。"[③]因此,邓小平提出的"让一部分人、一部分地区先富起来"的战略构想和"消

---

① 邓小平:《邓小平文选 第三卷》,人民出版社,1993,第116页。
② 同上书,第28页。
③ 同上书,第364页。

除两极分化,实现共同富裕"的战略构想相辅相成,缺一不可,如果只重视其中一个战略构想而忽略另一个战略构想,那么就不可能建立起一个真正公正的社会。邓小平为实现"消除两极分化,实现共同富裕"的战略构想,特别重视对收入再分配的研究,并提出了通过税收、区域间互助、国家投资等方式来解决市场初次分配带来的两极分化问题。

邓小平认为一个公正的社会应该是按贡献分配的社会,绝对公平的分配方式不符合社会主义初级阶段的发展规律。在深入研究和继承马克思、毛泽东等无产阶级革命理论家按劳分配思想的基础上,他结合我国正处于社会主义初级阶段这一国情,提出了按贡献分配的主张。邓小平对我国计划经济时期"吃大锅饭"的分配方式进行了深入的反思和批判,认为"吃大锅饭"的分配方式没有尊重劳动者的能力差异和合理利益,打击了人民群众生产的积极性。这种社会财富分配方式不符合社会公正的原则,会制约社会主义社会生产力的发展。"搞平均主义,吃'大锅饭',人民生活永远改善不了,积极性永远调动不起来。"①邓小平认为在社会主义初级阶段,我们应该按照劳动能力、贡献、技术能力等以劳动成果进行分配,这既能够提升社会成员的劳动积极性,推动社会进步,又能体现出公平的社会财富分配理念,促进社会进步。从实际效果上看,邓小平按贡献分配的思想不仅推动了我国社会财富分配的公正性,同时也激发了整个社会的发展活力。

3. 江泽民的社会公正思想

江泽民同志作为我国社会主义改革开放事业的领导者代表,在深入研究和继承马列主义、毛泽东思想、邓小平理论的基础上,结合改革开放实践过程中遇到的新问题、新情况提出了"三个代表"指导思想,这不仅进一步明确了社会主义制度的前进方向,也丰富了我们对社会公正的认识。

江泽民同志认为我国社会经济建设和改革要始终维持好人民群众的根本利益,我们的党和政府要为人民群众的根本利益奋斗终生,这是社会主义制度正义的内在要求,也是确保我党能永远立于不败之地的重要法宝。江泽民要求我党在社会发展的变革中,不仅要在思想上把人民群众根本利益、社会主义正义建设等放到首要位置,而且要把这些思想踏踏实实地贯彻落实到我党的各项具体工作中去。"为人民谋利益不能搞'虚功',而是要实实在在为群众办事,把党的宗旨落实到工作中去,落实到人民群众身上。"②他指出我们党的领导干部、政府和部门,要结合自己部门和地区的实际情况,创造性地开展工作,将全心全意为人民服务落实到各项具体的工作中去,切实保护好人民群众的切身利益问题。因而,江泽民认为要实现真正的社会公正,就要保护好人民群众的切身利益,这既是我党的立党之本,也是马克思主义理论的内在要求。同时,江泽民认为要实现社会公正就要解决好公平与效率的关系。江泽民认为社会收入分配制度关系到人民群众的切身利益,能否处理好社会收入分配问题既关系到社会公正的实现,也影响着国家的长治久安。他认为在社会主义分配体系的构建中,初次分配体系要注重效率,发挥市场的作用,再次分配体系要重视公平,注意缩小贫富差距,解决好两极分化问题。可见,在这一时期江泽民同志已经意识到能否处理好公平与效率的关系问题,不仅关系到社会公正的实现,也关系到共同富裕战略目标的实现。

4. 胡锦涛的社会公正思想

胡锦涛同志作为我国社会主义改革开放事业的领导者代表,在继承马列主义、毛泽东思

---

① 邓小平:《邓小平文选 第三卷》,人民出版社,1994,第157页。
② 江泽民:《江泽民文选 第二卷》,人民出版社,2006,第365–366页。

想、邓小平理论的基础上,从当时我国改革开放中遇到的实际情况出发,将和谐社会确立为国家发展的目标。和谐社会理论不仅明确了我国社会主义改革的方向,同时也丰富和完善了社会主义正义思想。

胡锦涛认为促进社会公正化发展是建立和谐社会的核心内容,也是推动社会主义制度稳定发展的本质要求。胡锦涛认为促进社会公正化发展,不但可以有效地缩小社会成员之间的贫富分化,减少社会出现的不和谐现象,而且还可以为每个社会成员提供一个公平的生存和发展环境,更好地突显社会主义制度的优越性。胡锦涛指出,"维护和实现社会公平、正义,是我国社会主义制度的本质要求。"①胡锦涛在领导我国社会主义现代化建设过程中,一直将维护和促进社会公正化发展作为施政重点。一方面,他强调推动社会公正发展是我们履行科学发展观的重要方式。在社会主义现代化建设中,我们只有坚持社会主义公正思想,才能够充分激发社会发展的活力,实现社会持续稳定发展。"只有实现社会公平和正义,人们的积极性、主动性、创造性才能发挥出来。"②另一方面,他强调推动社会公正化发展是实现社会稳定发展的基础。胡锦涛认为在社会主义现代化建设中,我们只有坚持社会主义公正思想,才能够有效解决社会经济改革中出现的社会贫富分化矛盾,维护社会成员之间的团结和合作,为社会主义社会经济的持续发展创造一个良好的社会环境。胡锦涛指出要实现我国社会的公正化发展,就需要尊重人民群众的基本诉求,妥善解决好人民群众普遍关心的民生问题。解决好人民群众普遍关心的民生问题是推动社会公正化发展的重要切入点,党和政府要在推动经济发展的同时,逐步加强社会建设,不断推动我国民生的改善。胡锦涛强调解决好我国民生问题的关键在于解决好我国的社会财富分配问题。他主张通过强化税收、转移支付等手段完善社会财富分配体系,逐步扭转不断扩大的贫富差距问题,更好地维护社会公平正义。

5. 习近平的社会公正思想

党的十八大以来,以习近平同志为核心的党中央,在继承马列主义、毛泽东思想、邓小平理论等成果的基础上,围绕全面深化改革这一核心内容,从历史和现实两个维度出发,提出了创新、协调、绿色、开放、共享等社会发展理念。习近平总书记的系列改革理念,不仅明确了当代我国社会主义制度的前进方向,也为推动我国社会的公正化发展提供了重要的理论指南。

习近平总书记提出了要通过全面深化改革推动我国社会公正化建设。经过四十多年的改革开放,我国社会主义事业取得了巨大的成绩,但同时也积累了诸多社会问题。特别是一些精英群体利用自己手中的权力和资源,不断地侵蚀国家和其他群体的应得利益,这也成为困扰我国社会公正化发展的重要障碍。在这种社会背景下,习近平总书记从我国社会主义制度的长远利益出发,提出要通过全面深化改革逐渐打破固化利益阶层对社会公正化发展的影响,实现社会公平正义。"习近平指出要把促进社会公平正义、增进人民福祉作为一面镜子,哪里有不符合促进社会公平正义的问题,哪里就需要改革。"③习近平总书记在充分研究马克思主义理论成果的基础上,通过对我国农村、城市、部队、党政事业机关等机构进行频繁调研,并结合国际社会发展的大趋势,提出了创新、协调、绿色、开放、共享的社会发展新理

---

① 吴忠民:《走向公正的中国社会》,山东人民出版社,2008,第343页。
② 同上书。
③ 黄有璋:《党的十八大以来社会公平正义理论与实践的新发展》,《毛泽东邓小平理论研究》2016年第12期。

念。这一理念不仅丰富和发展了马克思社会主义理论成果,同时也进一步完善了社会主义公正思想,为推动我国社会公正化发展提供了理论指南。在改革开放的前 35 年,全社会关注的重点是经济的增长速度和规模,从而忽视了"协调""共享"的重要性,出现了城乡之间、区域之间、社会成员之间的不平衡,出现了一些不公正的社会现象。因而,习近平总书记提出的协调、共享发展理念,对于我们解决这些不公正的社会现象具有积极的意义。

同时,习近平总书记在全面深化改革理论的基础上,提出了要通过依法治国和从严治党来推动社会公正化发展。习近平认为全面依法治国和从严治党是推动全面深化改革成功的重要保障,也是实现社会公正的基本保证。一方面,习近平强调社会公正如果没有法治作为保证,人民群众的公正权利就不能实现,人民的切实利益也无法获得有效保护。因而,他认为依法治国是实现社会公正化发展不可或缺的一部分。"从一定意义上说,公平正义是政法工作的生命线,司法机关是维护社会公平正义的最后一道防线。"[①]另一方面,习近平对当前党政干部脱离群众、腐败等现象深恶痛绝,认为他们的行为不仅损害了党的形象,同时也阻碍了社会公平正义的实现,因而,他认为从严治党是巩固党的执政基础和维持社会公平正义的重要条件。"习近平总书记强调:自然生态要山清水秀,政治生态也要山清水秀,要深入推进反腐败斗争,下大气力拔'烂树'、治'病树'、正'歪树',做到有腐必反、除恶务尽。"[②]习近平的依法治国和从严治党思想成为促进社会公正化发展的重要保证。

三、现代西方社会公正思想借鉴

古往今来,公平公正一直都是人们所追求的目标。早在古希腊时期,"城邦共同体中的公民通过民主表决来处理共同事物,在城邦之中公民以平等的方式行使权力。"这时期的公正表现为平等,"平等受道德约束"[③]。在当代西方社会,伴随着资本主义制度与社会经济发展之间的矛盾冲突此起彼伏,西方理论研究者对社会公正方面的研究投入了巨大热情,他们企图通过扛起"公平""正义"的大旗为资本主义制度辩护。20 世纪初,一些西方理论家将社会公正与社会财富分配、机会公平等联系起来进行研究,提出了一些影响深远的理论观点。功利主义者穆勒认为,"与公正这个观点密切相关的观念,便是平等了。无论在理论上还是在实践上,平等常常都是正义的组成部分,而在许多人看来,平等早已成了正义的本质。"[④]"社会自由主义者认识到自由应该为所有人共同享有,机会平等是个体自由的重要条件。"[⑤]政治哲学家罗尔斯认为,"所有社会的善——自由和机会、收入和财富及自尊的基础——都应被平等地分配。"[⑥]桑德尔认为,"公正与共同善之间存在密切关系。一种共同善的政治,会将公民社会基础设施重建,作为其首要目标之一。它将向富人征税来重建公共机构和公共服务,以使得富人和穷人都想要利用它们,而不是为了扩充私人消费的机会而关注再分配。"[⑦]上述理论观点对于社会公正的肯定,为西方国家通过扩张性财政政策,建立完善的社会财富再分配制度奠定了坚实的理论支撑。同时,也有一些西方理论学者反对将社会公正

① 黄有璋:《党的十八大以来社会公平正义理论与实践的新发展》,《毛泽东邓小平理论研究》2016 年第 12 期。
② 张二芳:《十八大以来我国公平正义的价值引领与实践进路》,《马克思主义研究》2016 年第 12 期。
③ 陈旭:《习近平新时代人类命运共同体思想实践价值研究》,博士学位论文,吉林大学,2019,第 39 页。
④ 约翰·穆勒:《功利主义》,徐大建译,上海人民出版社,2008,第 46 页。
⑤ 汤剑波:《现代社会保障的道德基础研究》,中国社会科学出版社,2014,第 303 页。
⑥ 约翰·罗尔斯:《正义论》,何怀宏、何包钢、廖申白译,中国社会出版社,1988,第 292 页。
⑦ 桑德尔:《公正》,朱慧玲译,中信出版社,2011,第 305 页。

与社会财富分配、机会公平等联系起来,他们认为将社会公正与社会财富分配、机会公平等联系起来会给自由带来损害。他们反对国家对社会经济进行干预,主张依靠市场的作用来解决社会中出现的不公正问题。例如哈耶克认为,"通过国家强制干预获得一定社会财富的人,既不配获得财富,也不配获得自由。"①同时他又明确指出,"一些国家通过强制干预进行的社会财富分配,实际上是一种追旧的社会主义目标的做法。"②美国经济学家弗里德曼认为,"国家通过强制干预手段对社会财富进行普遍分配,会导致世界文明的消失。"因而,自由主义理论者反对国家通过干预实现社会公正,这些学者的一些理论观点也成为西方政府扩张性财政政策实施的拦路虎。

此外,也有一些持中间道路的西方理论学者,他们认为要实现真正的社会公正,就应该放弃单一的极端激进或保守型理念,选择介于两者之间的调和性发展理念。他们认为社会公正的实现既离不开国家的干预,也不能忽视自由市场的调节作用,提倡通过国家、社会和个人之间的合作来实现社会公正。如艾哈德认为,"如果我们要长远地保持自由的经济制度和社会制度,那么,给旨在帮助人们获得个人自由的经济政策辅之以必要的社会政策已经成为一项基本要求。"③英国政治学家麦克米伦认为,"为了实现社会公正,有必要实施一些国家干预政策,但不能否定市场、自由等理念的重要性。"英国社会学家吉登斯认为,"社会公正的实现不能单纯地依靠政府对社会财富的分配来实现,而应该将责任和权力有效结合起来"。并认为"真正公正的社会不仅要关注穷人,同时也要关注富人。"④

我们通过对现代西方社会公正思想的考察可以发现,理论研究者对社会公正的认识会受到时空和个人关注点的限制,我们要想找到一个放之四海而皆准的社会公正标准是很难的。"每一种社会善或每一组物品都构成一个分配领域,在其中只有某些特定标准和安排是适合的。"⑤在现代西方社会,各个理论者从不同的视域来解释社会公正问题,并提出了各自的社会公正观点。同样,受多种公正价值观的影响,在社会公正的实践中,我们也无法找到统一的标准。但从西方理论者对社会公正的关注领域来看,他们对社会公正的研究主要集中在三个方面。其一,关于制度方面的公正。西方理论研究者将社会公正与社会结构的安排结合起来,将公正视为社会制度建设的基本原则,他们提倡通过建立公正的制度来实现社会公正。"即使为实现与保持公正的社会关系而需要个人的公正,被理解为制度性评价标准并表现在社会公正特定原则中的公正仍具有系统上的优越性。"⑥其二,关于分配方面的公正。这些理论研究者将社会公正与社会财富分配结合在一起,他们认为社会公正的首要议题不是制度,而是财富、机会、权力等方面的分配。"考察或评价制度是否正义,就是看制度是否有助于权力、机会和资源的公正分配。"⑦其三,关于积极的公正。这些理论研究者认为国家的主要职能是保证社会成员的生命和财富安全不受侵犯,他们认为社会公正是保证个人的自由不受侵犯,反对通过社会财富的再分配来实现公正。"政府所能保障的,只是在个

① 弗雷德里希·奥古斯特·哈耶克:《通往奴役之路》,王明毅译,中国社会科学出版社,1997,第119-128页。
② 同上书,第440-450页。
③ 路德维希·艾哈德:《大众的福利》,丁安新、译,武汉大学出版社,1995,第182页。
④ 安东尼·吉登斯:《第三条道路:社会民主主义的复兴》,郑戈译,北京大学出版社、三联书店,2000,第119-132页。
⑤ 迈克尔·沃尔泽:《正义诸领域:为多元主义与平等一辩》,褚松燕译,译林出版社,2002,第10页。
⑥ 乔治·恩德勒:《经济伦理学大词典》,王淼洋译,上海人民出版社,2001,第164页。
⑦ 布莱恩·巴利:《社会正义论》,曹海军译,江苏人民出版社,2007,第21页。

人为了追求自己的目的而使自己知识的行动过程中形成的那种活动秩序的抽象特性,而不是它的肯定性内容。"[①]

　　综合来看,西方理论研究者虽然对社会公正的理论依据进行了系统的探讨,但是由于他们忽视了对社会公正现实条件的考察,从而使许多社会公正观点停留在理论层面,无法在实践中获得运用。但不可否认的是,现代西方社会公正思想对缩小社会阶层之间的发展差距,推动西方社会稳定发展做出了巨大的贡献。因而,批判性吸收西方社会公正思想中的合理成分,对我们解决中国农民群体弱势化趋势问题具有一定积极的意义。

---

① 哈耶克:《法律·立法与自由 第二、三卷》,邓正来、张守东、李静冰译,中国大百科全书出版社,2000,第460页。

第二章 中国农民群体弱势化趋势的现状透视

中华人民共和国成立以来,特别是改革开放以来,我国农民群体在获得巨大发展的同时,也出现了一系列前所未有的、特别是围绕社会公正所产生的问题。具体表现为,农民群体中多数社会成员的生活状态未能同社会经济发展保持一种同步的关系,而且呈现出某种程度的边缘化状态,农民整体出现竞争能力弱化、基本权利缺失、社会及政治地位下降等现象。这一问题的存在不仅制约着农民群体的长足发展,而且对国家社会经济持续稳定发展产生较大的负面影响。因此,在回顾中国农民群体弱势化趋势现象历史演变的基础上,分析中国农民群体发展取得的成就及面临问题,总结中国农民群体弱势化趋势的主要表现及所造成的负面影响,对我们精准地把握中国农民群体弱势化趋势的基本状况、科学推动中国农民群体弱势化趋势治理发展具有重要意义。

第一节 中国农民群体弱势化趋势研究的现实背景

一、当前中国农民群体发展取得的成就

20 世纪 80 代以来,伴随着改革开放和农村市场经济体制改革的推行,农民群体的生存和发展环境有了较大的变化,农民群体获得了长足的发展。具体表现为以下几个方面:

1. 经济收入和生活状况有所改善

随着中国农村经济体制改革的推进,农民群体的收入分配体系发生了巨大的变革,收入分配结构有了大幅度调整,人民公社时期的"大锅饭""干多干少一个样,干与不干一个样"的分配模式被彻底打破,以按劳分配为主体,多种分配方式并存的分配新模式基本成形。新的收入分配模式的确立,不但极大地激发了农民群体生产的积极性,提升了农民群体的收入水平和生活质量,同时也增加了农民群体的收入来源,拓宽了农民群体的增收途径。在对农民群体社会经济活动的研究中,用以衡量农民群体经济状况变化的指标很多,如农村人均住房面积、人均收入、人均储蓄、人均消费支出等。而本书选取了农村人均可支配收入情况、农村人均消费支出情况、农村居民家庭恩格尔系数、农村贫困发生率四个常用的指标来分析改革开放后我国农民群体生活水平和收入的变化情况。

首先,从农村人均可支配收入情况来看,改革开放以来农民的收入水平发生了巨大变化,如 1980 年农村人均可支配收入为 191.33 元,到了 2015 年农村人均可支配收入达到 11 421.7 元,35 年农村人均可支配收入增长了近 60 倍,农民群体的收入水平有了很大提高,并具有逐年增加的趋势。其次,从农村人均消费支出情况来看,改革开放以来随着农村人均可支配收入的增加,农村人均消费支出水平也有了很大提高。例如,1980 年我国农村人均消费支出为 162.21 元,到 2015 年我国农村人均消费支出达到 9 222.6 元,农村人均消费支出增长了 57 倍,农民群体的购买力有了很大的提升。再次,从农村居民家庭恩格尔系数来看(如图 2.1 所示),我国农村居民家庭恩格尔系数明显下降。例如,1980 年我国农村居民家庭恩格尔系数 61.8%,2015 年我国农村居民家庭恩格尔系数 37.1%,我国农村居民家庭恩格尔

系数明显下降,并且还保持继续下降趋势。按照恩格尔定律,随着家庭收入的增加,恩格尔系数会不断下降(即家庭收入中用以购买食物的支出减少),居民家庭的生活质量会逐渐提升。一般来讲居民家庭恩格尔系数在59%以上为贫困,介于50%～59%为温饱,介于40%～50%为小康,40%以下为富裕。显然,从恩格尔定律来看,我国农村居民家庭恩格尔系数的降低意味着农民群体的生活质量在逐年提升。最后,从我国农村贫困发生率来看(如图2.1所示),依据2010年标准,1980年我国农村贫困发生率为96.2%,到2015年我国农村贫困发生率下降到5.7%,这说明我国农村扶贫事业取得较大进步,同时也意味着农民群体中贫困人口的比例在不断下降,农民群体的生活质量获得了较大的改善。

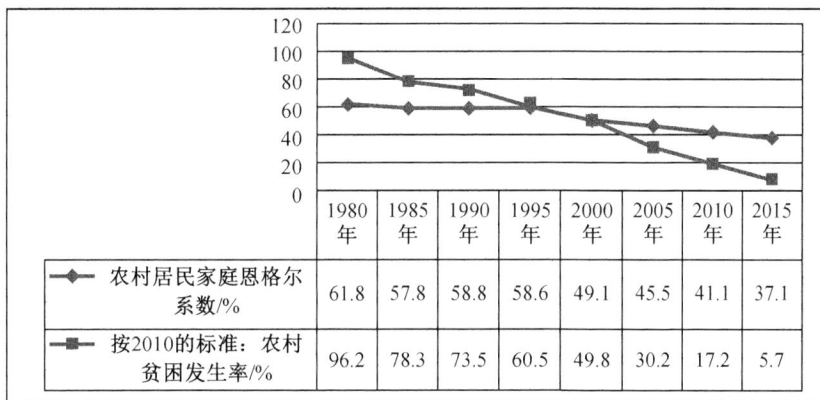

	1980年	1985年	1990年	1995年	2000年	2005年	2010年	2015年
农村居民家庭恩格尔系数/%	61.8	57.8	58.8	58.6	49.1	45.5	41.1	37.1
按2010的标准:农村贫困发生率/%	96.2	78.3	73.5	60.5	49.8	30.2	17.2	5.7

图2.1　1980—2015年我国农村居民家庭恩格尔系数和农村贫困发生率情况

(数据来源于中国统计年鉴)

　　综上所述,改革开放以来,从农村人均可支配收入情况、农村人均消费支出情况、农村居民家庭恩格尔系数、农村贫困发生率四个常用指标来看,我国农民群体的经济状况一直向好的方向发展,农民群体的生活水平和生活质量有了很大改善。这一时期促进农民群体经济状况改善的原因主要有以下几个方面:第一,通过农村经济体制改革,我国全面实行了家庭联产承包责任制,提高了农村经济的发展水平。国家推行的家庭联产承包责任制,对农民群体经济状况改善的推动主要表现在两方面。一方面是农村原有的"大锅饭"分配模式被彻底打破,多劳多得的分配方式已基本形成,农民群体的生产积极性较以前有了较大提升;另一方面,家庭联产承包责任制推动了农业生产的灵活性,农民群体可以根据市场需求变化来安排农业生产活动,这在一定程度上促进了农民群体收入的增加。"比如在农村,土地经营使用权的重新配置并不按先赋性的因素进行,而是按人口平均分配,这种政策安排最大化地获得了经济增长的积极效应。"[1]第二,在国家推行农村经济体制改革的过程中,鼓励和重视乡镇企业的发展,并为振兴乡镇企业提供了税收、土地等方面的政策,这也在一定程度上扩大了农民群体收入的来源。第三,在推行农村经济体制改革的过程中,国家逐渐意识到城乡二元结构发展策略带来的负面影响,制定了一系列推动城乡一体化的政策。改革开放中期,国家意识到城乡发展失衡带来的负面影响,并通过政策调整加大了对农村教育、医疗、基础设施、税收等方面的财政支持,对农民群体的税赋支出、教育支出、医疗支出等明显增加,这不

---

[1]　陆学艺主编《当代中国社会结构》,社会科学文献出版社,2010,第25页。

但改善了农民群体的生存和发展环境,同时也直接改善了农民群体的经济状况。四是,在国家推行农村经济体制改革的过程中,主动放松了对农民群体人口流动的限制,从而为农民群体进城务工和从事商业活动创造了条件,农民群体增收途径进一步扩大。显然,从农民群体经济状况的改善原因分析来看,国家社会经济政策的改革是实现农民群体经济状况改善的最主要原因。

2. 生产技能和文化水平有所提升

改革开放之前的 30 年间,受经济和科技发展水平影响,我国农民群体生产技能和文化水平普遍低下,农民群体所从事的生产及经营活动几乎没有技术含量可言。一是由于农业生产领域缺少科学合理的分工,农业生产专业化程度比较低,农民群体农业生产技能的专业化和精细化严重欠缺。在计划经济时期,国家更为重视粮食生产活动,轻视经济作物、农副业等方面的生产活动。为完成国家粮食生产任务,多数农民只能在社会主义农业合作社中从事单一粮食生产活动,这在一定程度上限制了农民群体生产技能和文化水平的提升空间,农民群体提升生产技能和文化水平的积极性也受到了严重压制。二是国家忽视农民职业化教育的重要性,农民群体缺少提升生产技能和文化水平的机会及外部环境。与其他群体相比,农民群体拥有学习知识和技能的机会较少,农民群体的文化和职业技能培训常常被我们忽视,直到现在我国职业教育发展仍然无法满足农民群体发展的需要。"社会误导以及技术职业发展的滞后,导致农民群体技能总体水平下降。长此以往,大量的农民改善自己处境、进行向上流社会流动的努力无疑会变得十分艰难。"[1]三是农民群体提升生产技能和文化水平的意识不足,这也是导致改革开放前农民群体生产技能和文化水平偏低的重要因素。计划经济时期,在农业生产和经营活动中人民普遍注重劳动力因素的影响,认为劳动力数量是农业生产和经营的关键要素,忽视了其他生产要素特别是科学技术要素对农业生产和经营的影响,农民群体提升生产技能和文化水平的自觉性较差。可见,改革开放前农民群体生产技能和文化水平普遍低下,是导致其经济生活水平较低的重要影响因素之一。

改革开放后,党、政府和人民深刻认识到科技和文化的重要性,并逐步将振兴我国教育事业,提升人民科学技术和文化水平作为我国社会发展的重要战略任务,人民群众的生产技能和文化水平获得了整体性提升。在这种背景下,农民群体的生产技能和文化水平有所提升,这也为农村社会经济的持续健康发展提供了重要的智力和技术支撑。本书认为改革开放后促使农民群体生产技能和文化水平提升的主要因素有两个方面:一方面,改革开放后,农民群体普遍意识到生产技能和文化水平对于农业生产及经营的重要性,科技兴农、技术致富、科学生产等理念渐渐深入人心,多数农民将提升生产技能和文化水平作为改变命运和提升生活质量的重要手段,农民群体逐渐加大了对文化和技能教育方面的经济投入。通过查阅相关年份中国统计年鉴可以清楚地发现,我国农民群体人均教育文化消费支出在逐年递增,并且它的递增还表现出进一步加快趋势。例如,我国农民群体人均教育文化消费支出1985 年为 12.45 元,1990 年为 31.38 元,1995 年为 102.39 元,2000 年为 186.72 元,2005 年为 295.48 元,2010 年为 366.72 元,2015 年为 969.3 元。显然,随着改革开放的不断深入,农民群体已意识到生产技能和文化水平的重要性,逐渐加大了对文化和技能教育方面的经济投入;另一方面,改革开放后,国家意识到优质的人力资源是实现中华民族伟大复兴的重要基础,并明确提出"科学技术是第一生产力"的论断。改革开放以后,国家通过逐年增加财政

---

[1] 吴忠民:《走向公正的中国社会》,山东人民出版社,2008,第 118 – 119 页。

投入的方式,扩大职业和文化教育规模,为农民群体生产技能和文化水平的提升创造了更好的机会和环境。从我国普通高等学校的数量来看(如图2.2所示),1980年我国普通高校数量为675所,到2015年我国普通高校达到2560所,特别是2000年以后我国普通高校办学规模进入快速增长阶段。从我国高职专科的规模来看,2000年我国高职专科为422所,到了2015年,我国高职专科达到1341所。从国家对教育的财政投资情况来看(如图2.3所示),改革开放后,特别是2005年后国家对教育投资的经费迅速增加,如1985我国财政性教育经费为226.846 2亿元,到2014年就达到26 420.582亿元,国家财政的支持为我国教育事业的发展奠定了雄厚的物质基础。显然,国家教育规模的扩大和财政投入的增加,为社会成员包括农民提供了更多的受教育机会。

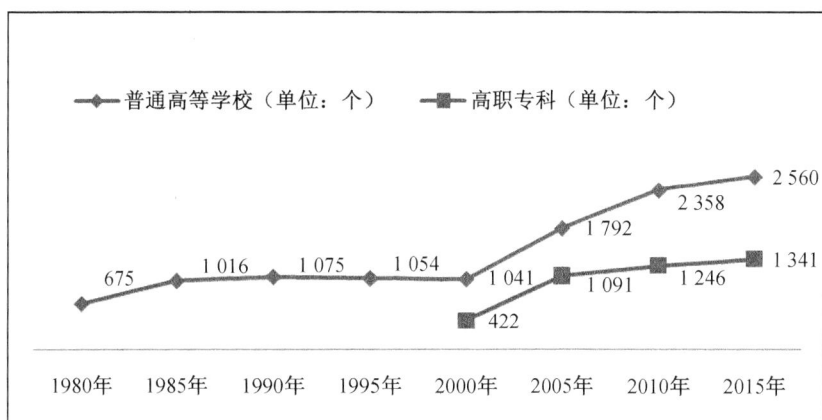

图2.2 改革开放后,我国高等学校与高职专科数量变化情况
(数据来源于中国统计年鉴)

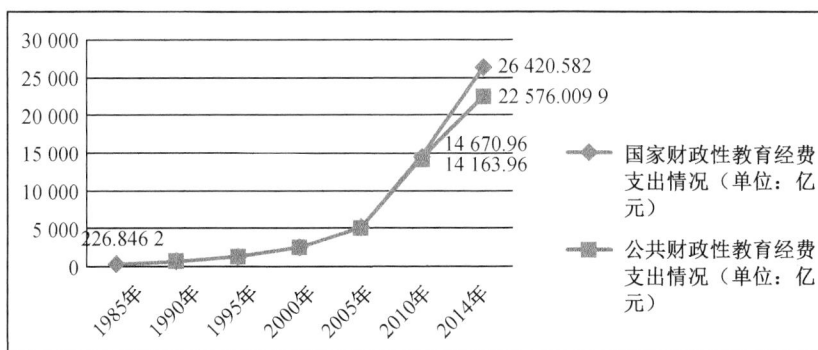

图2.3 改革开放后,我国国家财政性教育经费和公共财政性教育经费支出变化情况
(数据来源于中国统计年鉴)

改革开放后,我国农民群体生产技能和文化水平的提升主要表现在两个方面。一方面,农民群体之间的分工越来越明显,相互之间的技术边界越来越清晰。其一,农业种植分工逐渐细化,各方面的农业种植精英不断涌现。改革开放后,通过推行农村经济体制改革,农民群体获得了土地的生产经营权,并按市场需要安排农业生产活动,这不但激发了农民的生产积极性,也进一步细化了农业种植分工,农民群体的农业生产技能有了明显的提升。例如,出现了一些"蔬菜大王""水果大王"等。其二，部分农民群体在从事农业生产的同时还主动学习其他技术，通过自主经营或给别人打工的方式来增加自己的经济收入。改革开放后，我国鼓励发展私营企业、乡镇企业等非公有制经济，这不但激活了社会创业的积极性，同时也为农民群体提供了增收的途径。农民为了获得更多的经济收入，积极主动地发展自己的工业技术特长，期望能够获得农业以外的工作机会，推动了农民群体生产技能的提升。另一方面，农民群体也逐渐重视自身和后代文化水平的提升，农业群体的文化水平越来越高。改革开放后，国家和个人都意识到文化教育的重要性，许多农民群体将提升自己的文化水平作为改变命运的途径，农民群体入学率较以前有了明显的提升，文盲、半文盲显著减少。特别是近几年，我国职业技术教育办学规模不断扩大，在推动农民群体文化提升方面也起到了积极的作用。因此，改革开放以来，农村市场经济体制改革不仅改善了农民群体的经济和生活状况，同时也推动了农民群体生产技能和文化水平的提升。

3.社会公正和市场竞争意识有所增强

随着我国改革开放的不断深入，农民群体的收入、文化、技能等水平越来越高，农民群体的综合素质获得了整体性提升，农民群体的社会公正和市场竞争意识已初步形成。"改革开放后，尤其是20世纪90年代以后，中国的市场经济开始逐渐形成。而市场经济是催生社会成员平等、独立意识的天然温床。所以，随着市场经济进程的推进，中国民众不仅仅是在与平均主义逐渐剥离的平等意识方面取得了明显的进展。同时，中国民众在与市场经济相适应的独立意识方面更是取得了长足的发展，中国民众的平等和独立意识都获得了空前的增强。"①因此，在这种背景下，农民群体意识到要保证自己过上一个幸福的生活，既需要努力地工作、创新和奋斗，以适应市场经济规则及发展的要求，同时也需要国家建立公平、公正的社会制度，以保证每个人都有过上幸福生活的基本权利。

一方面，在社会公正意识方面，农民群体维护自身合理利益诉求的能力、决心和意志不断增强，农民群体对国家改革过程中遭遇到的不公平待遇日益不满。20世纪80年代以来，虽然我国通过农村经济体制改革，使农民群体的经济利益获得了较大的提升，但是我国"城乡二元结构"发展模式并没有得到彻底解决和扭转，城乡之间的差距、农民群体与其他群体特别是精英群体之间的差距并没缩小，反而呈现出逐渐扩大的趋势，农民群体的相对剥夺感加剧。"具体到当今中国社会，大多数群体有着一种比较深切的相对剥夺意识，涉及面比较广泛，特别是社会的主要群体如工人和农民群体。"②从社会公正视角来看，农民群体遇到的不公正主要表现在以下两个方面。一是在制度设计上农民群体受到了严重的歧视。国家传统的户籍制度把社会成员的身份分为了农业身份和非农业身份，两种身份享受着不同的权利和待遇，有着不同的社会地位。一般来说，拥有农业身份者不能享受到较高水平的社会保障、教育、就业、社会福利等方面的权利，户籍身份成为社会地位的标签，直接影响着农业身份和非农业身份人口的切身利益。二是在城乡公共资源的配置方面，各级政府表现出"重城市轻农村"的发展策略，城市成为国家的"利益核心"。"城市凭借政治和行政优势，构建了不公平、不合理的城乡结构。"③因而，制度设计的严重歧视和城乡公共资源配置方面的严重失衡，恶化了农民群体的生存和发展空间，扩大了城乡之间、农民群体与其他群体之间的

---

① 吴忠民:《走向公正的中国社会》,山东人民出版社,2008,第309页。
② 吴忠民:《走向公正的中国社会》,山东人民出版社,2008,第110页。
③ 陆学艺主编《当代中国社会结构》,社会科学文献出版社,2010,第258页。

差距。

制度设计的歧视和城乡公共资源配置的严重失衡,制约着农民群体的生存和发展空间,导致农民群体的社会、经济和政治地位不断下降,日益引起农民群体的不满。改革开放以来,为了维护自己的基本利益诉求不受侵犯,农民群体反抗情绪增加和反抗行动增多,甚至出现了一些极端的暴力行为。由于制度设计的歧视和城乡公共资源配置的严重失衡,农民群体的生活水平虽然有了较大改善,但还是出现了很多的怨气和不满,出现了"端起碗吃肉,放下碗骂娘"的社会现象,甚至在一些地方农民群体为了维护自身利益闹出了群体暴力事件。显然,这一现象如果长期得不到妥善解决,将会给我国社会经济的持续稳定发展带来巨大的安全隐患。"农民既可以成为维护现状的堡垒,也可以成为革命的突击队。农民扮演何种角色,取决于现行体系满足其直接经济和物质需要的程度如何。"[1]另外,随着农民群体维权意识、文化素质等方面的提升,农民群体对于自己应有的基本社会权利看得越来越重,对国家和政府的期待越来越高。尤其是近些年,农民群体逐渐意识到"城乡二元结构"发展模式的不公平性,他们期望国家和政府通过调整社会政策来保障他们的教育、社会保障、就业等基本社会权利,规避他们在生产和发展过程中遇到的社会风险。显然,当代农民群体不仅关心自己的经济利益,同时也关心自己的基本社会权利,农民群体的社会公正意识已逐渐形成。

另一方面,在市场竞争意识方面,农民群体对供需、交换和市场等经济概念的理解能力逐渐增强,并通过主动地改变传统思维方式和生产活动来获取更多的经济利益。20世纪80年代以来,我国农村经济体制改革不仅打破了农村传统的生产方式,也增强了农民群体的市场竞争意识,农民群体开始依据市场规律来安排自己的生活及生产活动。具体表现在以下几个方面:一是在农业生产活动上,农民群体不但主动地努力降低农业生产的成本,而且还开始自觉地关注农产品的市场供求关系,期望通过灵活选择农业种植产品获得更多的经济利益。二是部分农民群体在从事农业生产活动的同时,开始主动积极地探索其他生产经营活动,比如农村普遍出现了"养鸡""养鸭"等大户,用以弥补种植业经济利润较少带来的不足。三是随着户籍制度和教育制度的改革,大量农民群体开始进城务工或创业,并期望在城市市场中获得较好的机会来增加自己的经济收入。四是农民群体中越来越多的家庭,主动将自己的孩子送到城市接受小学和中学教育,期望自己的后代在将来的竞争中获得有利条件。五是农村个人和集体工业发展迅速,农民群体中出现了许多农民企业家,农村经济越来越好。综上所述,我们可以明显地感受到,改革开放后农民群体的市场意识开始觉醒,农民认识到依据市场规律办事能够获得更多的经济利益,农民群体的市场竞争意识逐渐形成。

二、当前中国农民群体发展面临的问题

改革开放以后,我国农民群体取得了长足发展,但受原有"城乡二元结构"政策、"效率优先,兼顾公平"理念等影响,农民群体的发展也遇到了许多新困境。

1. 农民群体的现代化问题

西方发达国家的经验告诉我们,一个国家要想成为高度发达的现代化国家,就必须解决好农业和农民的现代化问题,农民群体的现代化水平在很大程度上代表着整个国家的现代化水平。我国作为世界著名的农业大国,农民群体是人口数量最多的一个群体,如果农民群

---

① 塞缪尔·亨廷顿:《变革社会中的政治秩序》,李盛平、杨玉生译,华夏出版社,1988,第365页。

体无法实现现代化,那么国家现代化的目标就很难实现。结合国际经验,本书从我国具体国情出发,认为应将社会主义理想和情怀、科学技术创新成果的应用能力、积极性的政治和社会参与意识、较强的市场分析和判断能力、较高的经济收入水平等作为评价我国农民群体现代化的主要标准。显然,依据以上标准,我国农民群体的现代化工作任重道远。

农村经济体制改革以来,农民群体的经济收入、生活质量、文化素养等有了显著提升。但按照现有的评价标准来看,农民群体的现代化水平依然很低,农民群体与其他群体的现代化程度差距还比较大。具体而言,主要表现在以下几个方面。第一,农民群体现代化的经济基础比较薄弱。与其他群体相比,农民群体经济收入相对偏少,同时各种经济支出负担又比较沉重,导致农民群体现代化的经济基础较为薄弱。与城市其他群体相比,农民群体的文化素质、竞争意识、科学技能等还比较低,农民群体获得较高经济收入的机会远远低于其他群体。与此同时,与城市居民相比,农民群体的养老、医疗、就业、教育、住房等福利水平偏低,农民群体在养老、医疗、就业、教育、住房等方面的经济支出负担比较沉重。因此,农民群体在经济方面的收支矛盾严重制约着农民群体的现代化。第二,农民群体现代化的社会基础比较薄弱。在社会管理与相关政策的制定方面,我国城乡二元板块结构模式还没有被彻底打破,农民群体基本的社会权益还无法获得应有的保障,农民群体缺乏合理、有效的社会政策支持,难以应对社会和市场风险带来的困扰。农民缺乏必要的社会政策支持,其现代化进程必然会受到影响。第三,农民群体现代化的政治基础比较薄弱。改革开放后,农民群体经济地位弱化的同时,其政治地位也不断下降,农民群体对国家政策制定的影响力逐渐减小,国家出台的一些政策也无法满足农民群体的基本利益诉求。因此,农民群体的政治参与能力不足制约着自身的现代化。第四,农民群体现代化的文化基础比较薄弱。改革开放后,国家对农村文化的投入不断增加,农民群体的文化素质有了较大提升,但农民群体的信仰、价值观、人生态度等还无法满足现代化的要求,导致农民群体的文化素质整体较低。因此,文化素质偏低制约着农民群体的现代化进程。

综上所述,农民群体现代化的经济基础、社会基础、政治基础和文化基础比较薄弱,农民群体的社会主义理想和情怀、科学技术创新成果的应用能力、政治和社会参与意识、市场分析和判断能力、经济收入水平等现代化指标还比较低,农民群体的现代化水平整体偏低。毋庸置疑,农民群体的现代化问题,必然会进一步加剧农民群体的弱势地位,使农民群体的生存和发展空间受到压缩。因此,尽快解决农民群体现代化经济、社会、政治和文化基础薄弱问题,不断提升农民群体的现代化水平,对解决我国农民群体弱势化趋势问题具有积极意义。

2. 农民群体内部发展不平衡问题

20世纪80年代以来,随着我国农村经济体制改革不断推进,农民获得了农业生产及其他经营活动的自主权利,许多思想开放、有能力、有技术、有文化的农民,在农业生产、农业服务、商业经营等方面取得了较大的成就,积累了较多的生产资料和家庭财富,经济收入和生活质量有了很大的改善。而部分思想保守、文化、技能比较欠缺的农民,在农村经济体制改革中收获较小,他们积累了少量的生产资料和家庭财富,甚至有些农民基本上没有任何财富积累,这一部分农民的经济收入和生活质量虽然也有所改善,但改善的程度却非常有限。因此,改革开放以后,我国农民群体内部之间出现了发展的不平衡问题。根据对相关文献的查阅及农民群体调查走访来看,笔者认为我国农民群体内部的发展不平衡问题主要集中在以下三个方面。

第一，农民的经济收入不平衡越来越严重，并呈现出逐渐扩大的趋势。经过四十多年的改革开放，农民群体内部之间的分工越来越细，不同分工之间的经济收入差距也越来越大。随着农民经济体制改革的不断深入，我国农民群体内部出现了农业劳动者、农民工、雇工、个体工商户、私营企业主等阶层，由于每个阶层之间在拥有生产资料、社会资源、技能素质等方面存在着不同，导致各阶层之间的经济收入出现了明显的差异。一部分农民已经发家致富，而仍有一些农民还没有解决温饱问题，农民之间的贫富差距问题逐渐显现出来。"在农村先富起来的个体户、私营企业主等购买了高档家具、电器和汽车，修建豪华住房甚至豪华墓地，引发了社会很大的不满。"①显然，农民之间的经济收入不平衡，会削弱农民群体的凝聚力。

第二，农民之间的社会地位和政治地位不平等现象明显加剧。伴随着农民之间经济收入的分化，农民之间社会地位和政治地位不平等现象日益显现出来，农民群体中具有规模经济效应的专有企业、私营企业主、乡镇企业管理者、资源丰富的农村管理者等，成为农村中社会地位较高的阶层，他们不仅拥有较为充足的经济基础，同时也拥有较高的威望和较强的社会影响力。在农村公共资源、集体资源的分配中，先富裕起来的农民群体可以动用自己的威望和财富影响集体决策，影响基层农村治理者的态度，甚至可以影响农村村干部的选举过程，形成对自己有利的选举结果。而农民群体中的贫困人口，由于经济基础比较薄弱，尽管他们可能人数较多，但在农村基本利益分配时却很难有机会发表意见，他们的利益诉求常常被基层农村治理者忽视，进而可能在农民群体中形成"富者恒富，穷者恒穷"的利益分配格局。在农村扶贫的过程中，我们不得不承认这样一个事实，贫困者要获取更多的利益，往往要依靠基层农村治理者为他们说话，他们自己的声音是很微弱的。在农村，如果贫困者不能取得基层农村治理者的支持，那么他们很难有效地表达和追求自己的利益。显然，农民之间社会地位和政治地位的不平等现象弱化了农民群体中贫困人口的经济利益，使他们的生存和发展环境进一步恶化。

第三，农民群体区域之间发展不平衡日趋严重。改革开放以来，我国每个地区的农民都获得了较大的发展，他们的经济收入和生活质量水平有了较大的改善。然而，受自然、社会、文化等环境不同的影响，我国农民群体区域之间的不平衡问题非常突出，农民群体区域之间的经济差距越来越大。按照全国农民群体的富裕程度来看，东部地区的农民经济收入水平普遍较高，中部和西部地区的农民经济收入水平普遍偏低。显然，农民群体区域之间存在着发展不平衡，这种不平衡使得农民群体内部发展不平衡问题变得更加复杂，不同地区农民的发展程度和利益诉求的不同，使我们很难通过制定统一的政策来解决这一问题。综上所述，我们可以发现农民群体不仅与其他群体之间存在着发展的不平衡问题，农民群体内部社会成员之间也存在着严重的发展不平衡，这不仅增加了农民群体弱势化趋势治理的复杂性，同时也增强了农民群体弱势化趋势治理的难度。因而，在农民群体弱势化趋势治理过程中，如果不能有效地缩小农民群体内部发展的不平衡问题，那么农民群体内部社会成员之间就很难达成一致路径的认同。

3. 农民群体与精英群体协调发展问题

改革开放以来，我国政治、经济和文化精英群体不断壮大，他们在国家改革开放过程中所扮演的角色越来越重要，并成为引领和主导国家社会、经济、文化发展的主导力量。"中国的精英群体对于引领社会经济的发展、普及现代理念、创造社会财富、激发社会活力以及推

---

① 陆学艺主编《当代中国社会结构》，社会科学文献出版社，2012，第223页。

动现代制度的创新,均有着巨大的、不可替代的作用。"①精英群体对我国社会、政治、经济等方面发展的影响力越来越大,对其他群体基本利益获得的影响也在不断增强。因此,规范好农民群体与精英群体的关系问题,对保障农民群体的基本利益诉求具有重要的积极意义。然而,从我国目前的社会现实来看,农民群体与精英群体之间还存在着诸多的利益矛盾和冲突。具体表现在以下几个方面。

第一,精英群体在研究和制定公共政策时,常常忽视农民群体的基本利益诉求。在国家政治、经济、社会、文化等公共政策的制定过程中,精英群体往往会利用手中的权力、资源、知识等迫使国家制定出有利于自己的政策措施,甚至经常会以牺牲农民群体或其他群体的利益作为代价来保证自己的利益。"政治家和官僚都是有着个人利益的正常人,他们是'经济人'而不是'道德人'。"②具体表现为两个方面:一方面,精英群体在政治、经济、文化等公共政策的制定中存在一定的逐利性行为。政治、经济、文化等公共政策的制定应本着公平、公正的原则进行,充分考虑到每个群体的最基本利益。但是,现实状况却恰恰相反,在公共政策的制定中精英群体经常利用自己的优势为自己谋利,从而损害了农民群体和其他群体的基本利益。另一方面,精英群体在政治、经济、文化等公共政策的制定中没有重视农民群体的参与权和知情权。精英群体在制定公共政策时,不注重广泛征求农民群体的意见,不给予农民群体充分表达自身利益诉求的机会,忽视了农民群体参与公共政策制定的权利,公共政策也更多地表现出精英群体的意志。

第二,精英群体在公共资源的使用中常常忽视农民群体的利益诉求,引起农民群体的普遍不满。从国内外政治发展规律来看,国家公共权力一般都掌握在精英群体手中,他们依据国家及法律赋予的权利对公共资源进行安排和分配,增进公众利益、改善社会成员的生活状况。然而,精英群体在公共资源的安排和配置中存在一定的利益偏好,甚至部分地方和个人会滥用公共权力,造成弱势群体利益受损及公共资源的浪费。"一切有权力的人都容易滥用权力,这是万古不易的一条经验。"③对于中国来说,精英群体在公共资源的使用中也存在一定的利益偏好,导致部分群体该得到的没有得到,部分群体不该拿的拿走了不少。具体表现在两个方面。一方面,部分精英群体在公共资源的配置中重视政绩而轻民生。改革开放后很长的一段时期内,国家经常用经济增长率这个单一指标来评价精英者的政绩,导致部分领导干部在公共资源的配置中重视经济建设投入,忽视基本民生投入,出现了"有增长而无发展"的怪象。另一方面,部分精英群体在公共资源的配置中重城市而轻农村。我国精英群体一般都居住在城市,而且将更多的公共资源投入城市发展可以形成规模效益。因而,在公共资源的配置中出现了重城市而轻农村的现象。

第三,精英群体之间通过利益结盟,损害农民群体的利益,引起农民群体的普遍不满。改革开放以来,政治精英、经济精英和文化精英之间的关系越来越密切,他们通过相互支持、相互帮助、互相交换等方式来增进各自的经济利益,有时候为了满足其利益要求,不惜以牺牲农民群体或其他群体的利益为代价。一方面,部分政治精英、经济精英和文化精英之间相互配合来攫取公共利益。在公共利益的分享中,部分政治精英利用公共权力给予经济精英和知识精英更多的关照,使他们获得更多的经济利益,而经济精英和知识精英通过贿赂、舆

① 吴忠民:《走向公正的中国社会》,山东人民出版社,2008,第181页。
② 詹姆斯·M.布坎南:《自由、市场和国家》,吴良健、桑伍、曾获译,中国经济学院出版社,1989,第36页。
③ 孟德斯鸠:《论法的精神:上》,张雁深译,商务印书馆,1961,第154页。

论支持、理论支撑等方式来回报政治精英,从而将三者之间的关系变成了利益同盟。例如在矿产、土地等资源的开发中,经济精英要通过开发权获得利益,就需要政治精英来进行审批,需要知识精英提供理论、数据和技术支持,在这个过程中三者之间非常容易结成利益同盟。另一方面,部分政治精英、经济精英和文化精英利用自己的权力或优势以公谋私,损害农民群体或其他群体的利益。这主要是指政治精英、经济精英和文化精英利用手中的权力优势、财富优势和知识优势,直接或间接地干预市场经济活动,通过不正当手段来攫取、侵犯国家和其他群体的经济利益。长此以往,精英群体之间通过利益结盟,损害农民群体的利益,必然会加剧农民群体的不满,引起社会群体之间的冲突和矛盾。综上所述,在我国社会经济快速转型时期,如果不能处理好农民群体与精英群体之间的协调发展问题,必然会制约农民群体的生存和发展,对国家社会经济持续稳定发展构成危害。

第二节 中国农民群体弱势化现象的阶段性考察

在中国的历史变迁中,农民群体作为我国社会阶层中的最重要组成部分,施之政策伴随着社会、经济、政治、文化的不断变化而变化。观察每个历史时期农民群体的生存和发展状况,考察每个历史朝代所秉持的治民理念,我们既可以感受到农民群体的朴实和艰辛,也能察觉出社会文明的发展和进步。因此,考察中国农民群体的历史演进,总结农民群体历史演进中的某些规律,剖析现代农民群体发展中的实际问题,对我们改正农民群体治理中出现的某些失误,促进农民群体与其他群体协同发展,推动社会文明进步具有重要的现实意义。

一、中华人民共和国成立前农民群体弱势化现象

查阅历史文献或古籍资料我们可发现,中国历朝历代的政治家和多数统治者都非常关心农业的发展,关注农民群体的稳定性,农村、农民、农业问题也是历朝历代施政的重点领域。当然,在传统封建社会中统治者对农民群体的关心,并不是处于发自内心的爱护,而是为了满足统治者自身政治和经济利益的需要。在政治方面,统治者惧怕农民群体因生存或其他问题而铤而走险,威胁统治者的政治统治。在经济上,封建统治者的经济收入主要来源于农民创造的劳动成果,农民群体的稳定性直接关系到统治者的经济来源。在中华人民共和国成立之前,农民群体既是人口数量最大的群体,同时也是社会财富的主要创造者。"中国封建社会的农民,是指亲身参加农业生产并以此获取生活资料的劳动者。在自然经济条件下,他们是社会生产的主体,国民财富的主要创造者。"[①]

在封建社会,虽然农民群体是人口数量最大的群体和社会财富的最主要创造者,但由于最重要的生产资料即土地,绝大部分掌握在皇室、官员和地主手中,农民群体主要依靠给皇室、官员和地主做工来维持基本生活,因而,农民群体的社会地位、经济地位和政治地位较低。在政治方面,无论是在封建社会盛世时期,还是在封建社会衰落时期,农民群体与皇室、官员和地主之间的关系都是不平等的,加之缺乏相应的法律体系来规范他们之间的关系,或者即使存在相应的法律规范却完全有利于统治阶级。因而,农民群体便很自然地成为被奴

---

① 孟祥才:《重新审视中国封建社会的农民、农民起义和农民战争》,《山东大学学报(哲学社会科学版)》2003年第6期。

役、被剥削的对象。在经济方面,在封建社会由于绝大部分土地都掌握在统治阶级手中,加之受当时经济发展水平较低的局限性影响,农民群体要想获得维持基本生存的生活资料就必须依赖于统治阶级,自愿接受统治阶级的驱使、奴役和剥削,农民群体的经济收入和生活水平极端低下。甚至在灾荒之年出现"尸横遍野""人相食"的悲惨社会现象,充分说明了封建社会中农民群体经济收入和生活水平的极端低下。在社会权利方面,在封建社会农民群体基本没有社会权利可言,除非遇到大的自然灾害,统治阶级为了防止农民群体揭竿而起,会通过"施粥""赈济"等方式对农民进行救济,其根本目的是维护其统治的有效延续。与此同时,在封建社会存在一套严格的等级文化,在这套严格的等级秩序中农民群体基本上属于最低层,农民群体的社会地位较低。综上所述,在中华人民共和国成立之前,由于基本生产资料——土地被统治阶级所占有,农民群体为了维持生命的延续,不得不忍受统治阶级的压榨和剥削,农民群体生活困苦不堪。

二、中华人民共和国成立后改革开放前农民群体弱势化现象

以毛泽东为首的中国共产党领导者,在尊重中国国情的基础上灵活运用马克思主义理论,创造性地提出了农村包围城市、发动农民、依靠农民等革命思想,领导中国人民取得了新民主主义革命的胜利,结束了中国几千年的封建统治,结束了殖民主义、帝国主义对中国的压迫和奴役,建立起新中国。中华人民共和国成立后,农民群体和其他劳动人民成了国家的主人,进而从根本上改变了农民群体的政治地位,开创了中国历史的新纪元。中华人民共和国成立后,国家非常重视农业、农民和农村的发展,并明确提出了要保护好农民群体的利益,处理好国家与农民群体之间的关系。毛泽东指出"鉴于苏联在这个问题上犯了严重的错误,我们必须更多地注意处理好国家同农民的关系"[①]。中华人民共和国成立后党和政府非常重视保护农民群体的利益,并通过制定和推行一系列政策来保护农村、农民和农业的发展。中华人民共和国成立后国家实施保护农民群体的政策和措施,不仅有效地促进了农业经济的恢复和发展,而且还进一步巩固了新生的社会主义制度政权,为国家进行城市和工业建设奠定了稳定的经济和群众基础。

中华人民共和国成立后,党和政府为了切实保护好农民群体的利益,主要采取了以下几个方面的措施。一是在经济方面,党和政府为杜绝农民群体被压榨和被剥削情况的出现,通过农村土地改革运动、人民公社化运动等方式废除了农民生产资料土地私有制,大量无地或少地的贫苦农民获得或增加了土地,农民群体的劳动积极性有了较大提升,经济收入和生活质量有了较大改善。二是在政治方面,党和政府通过农村社会主义改造消除了地主阶级、富农阶层及中农阶层,将他们全部纳入社会主义农业合作社中,所有农村社会成员都是社会主义农民中的一员,成了工人阶级的同盟,这一时期农民拥有较高的政治地位。三是在社会方面,党和政府通过政治方式和革命手段彻底改变了农村原有的社会分层,基本消除了农村社会成员之间的阶层差别,也在很大程度上缩小了农民群体与其他群体之间的差别,农村群体的社会地位较中华人民共和国成立前有了很大提升。四是在文化方面,这一时期国家非常重视集体主义、均等公平等文化建设,在农村管理、建设等的实践中追求"一大二公""政社

---

① 韩喜平、庞雅莉、穆艳杰主编《马克思主义经典著作精选导读》,吉林大学出版社,2007,第268-269页。

合一"等目标,期望通过改变传统农村的经济、政治和管理文化,彻底消除和抹平阶级差别。

显而易见,在中华人民共和国成立后,农民群体的社会、经济和政治地位都有较大提升,农民群体被封建统治阶层压榨和剥削的现象一去不复返,农民群体的生存和发展权利获得了前所未有的进步。然而客观地看,中华人民共和国成后的农村政策和措施,在促进农民群体获得发展的同时,也存着在较大的局限性。一方面,农村政策和措施在追求"一大二公""政社合一"的过程中,忽视了农民群体内部人员之间的差异性及社会主义发展初级阶段的国情,从而在一定程度上压制了农民群体生产的积极性,使农村、农业和农民发展遭受到损失。另一方面,在制定农村政策和措施的过程中没有很好地协调好工农、农干和城乡之间的关系,通过实施"城乡二元结构"政策推动工业和城市发展,不但在很大程度上损害了农民群体的利益,也扩大了工农、农干和城乡之间的差距。综上所述,中华人民共和国成立至改革开放期间,党和政府通过制定新的政策措施推动了农村和农民群体的快速发展。但与此同时,由于党和政府缺乏相关的农村建设经验,在施策过程中忽视了农村发展的基本规律,严重导致了农民群体的基本利益受损。

三、改革开放后农民群体弱势化现象

十一届三中全会后以邓小平同志为核心的党中央,对我国长期"左"的错误思想及方针进行了深入的反思,开始纠正"文化大革命"中出现的错误,将党和国家的工作重心转移到经济工作中去,并决定实施改革开放发展战略。在改革开放发展战略的影响下,我国农村的管理、组织和生产方式发生了根本性变革,农民群体的积极性获得了极大地释放,农村社会经济获得较大发展。与此同时,农民群体的社会、经济和政治地位也发生了相应的变化。为了能够更好地考察我国改革开放后农民群体的变化情况,依据国家改革开放程度,本书将其分为两个阶段进行探讨,即改革开放时期和全面深化改革两个时期。

在改革开放时期(1978—2012 年),我国推行了农村经济体制改革,农村逐渐放弃了社会主义农业合作社的生产方式,开始实行家庭联产承包责任制,同时国家还鼓励和支持农业、商业、贸易之间的合作,乡镇企业发展迅速,农村社会经济进入了快速发展时期。农村经济体制改革不仅极大地解放了农村的生产力,同时也对农民群体的生存和发展产生了巨大影响。一是在经济方面,在实行家庭联产承包责任制以后,农民群体生产的自主性和积极性获得了很大提升,农民群体开始结合自己的能力及特长来安排生产和进行商业活动,农民的收入有了显著增加,农民的生活水平和生活质量获得了整体性提升。"中国当代农村经济体制的改革,使农民进可操作百业,退可依赖土地。农民的命运发生了可喜的变化。至今年,两亿多生活在贫困线以下的农民,已缩减为五千余万。"[1]二是在政治方面,进入改革开放时期,社会主义农业合作社逐渐解散,农民开始进行自主生产经营,农民群体与党政之间的联系也开始变得松懈,农民群体对党和政府施政的影响力逐渐弱化,这一时期出现了其他群体侵蚀农民群体基本利益的现象,因而,与计划经济时期相比农民群体的政治地位在逐渐下降。三是在社会建设方面,在改革开放时期,国家将促进经济增长视为各项工作的重心,忽视了社会建设方面的重要性,导致我国社会建设与经济发展出现严重失衡,在这种背景下,

---

[1]　梁晓声:《中国社会各阶层分析》,文化艺术出版,2014,第 322 页。

农民群体的基本社会权利保护长期被大家忽视,农民群体的生存和发展空间受到严重制约。"国家在两方面的相关做法还没有到位,其一,对于农民基本权益维护还很不够;其二,对于改革过程中农民所付出的代价没有予以应有的补偿。"①显然,在这一时期,农民群体社会地位呈现出逐渐下降的趋势。综上所述,我们可以发现,在这一时期农民群体的生活水平虽然有了较大改善,但与城市相比这种改善的幅度还比较小,城乡之间的差距不但没有缩小,反而出现继续扩大的趋势。相对城市其他群体而言,农民群体在政治、经济和社会的发展上呈现出了显著的弱势化趋势。

全面深化改革时期(2012年至今),党的十八大以来,以习近平同志为核心的党中央对改革开放时期出现的一系列问题进行了深入的反思,并结合当前国内外社会发展趋势,提出了全面深化改革的发展战略。党的十八大以来,以习近平同志为核心的党中央在对中国社会经济发展进行通盘考虑的同时,更特别重视农村、农民和农业的发展,逐步将破解城乡二元结构、推动城乡发展一体化、让广大农民共享改革发展成果、让广大农民都有人生出彩的机会等内容作为党和政府的工作重点,清晰明确地制定出新时期我国农村、农民和农业发展的路线图和主要战略目标。在这一背景下,我国农村、农民和农业发展有了明确具体的方向,农民群体也迎来了前所未有的发展机遇。我国进入全面深化改革时期以后,以习近平同志为核心的党中央通过集体学习、走访调研等方式,深入、系统、精确地掌握了我国当前农民群体发展面临的主要阻碍和问题,并有针对性地制定出一系列推动农民群体发展的具体政策和措施,为农民群体的发展提供了强有力的制度保障。一是在经济方面,以习近平同志为核心的党中央提出了全面建成小康社会、全面协调发展、共享改革发展成果等主张,其本质就是缩小改革开放时期出现的贫富差距,实现共同富裕。习近平同志曾明确指出,在实现全面建成小康社会的道路上,绝不允许一个社会成员掉队。为了实现这一目标,近些年党和政府将提升农民群体的经济收入水平,特别是贫困地区农民的收入水平作为了党和政府的重要工作重点。因此,我国进入全面深化改革时期以后,农民群体的经济收入水平和生活质量获得了较大的提升。二是在政治建设方面,习近平总书记强调要发挥社会主义制度的政治优势,通过农民群体积极广泛的参与把"工业反哺农业、城市支持农村"发展战略执行好。习近平指出,"农村要发展,根本要依靠亿万农民推进农村改革和制度创新,充分发挥亿万农民主体作用和首创精神。"②因此,我国进入全面深化改革时期,党和政府重视农民对国家政策制定和实施的参与,农民群体政治地位较以往有较大提升。三是在社会建设方面,以习近平同志为核心的党中央提出了美丽乡村发展战略,中央和地方政府加大了对农村基础设施、公共服务供给等方面的投资,农民群体的医疗、教育、灌溉等设施有了较大改善,农民群体的获得感、满足感等有了很大的提升,农民群体的社会地位较以往有所改善。综上所述,在我国进入全面深化改革时期以后,以习近平同志为核心的党中央通过推行城乡一体化、工业反哺农业、城市支持农村等发展战略,城乡之间发展差距继续扩大的趋势有所扭转,农民群体的社会、经济和政治地位所有提升,农民群体的生存和发展环境有了较大改善。

---

① 吴忠民:《社会公正论》,山东人民出版社,2005,第267页。
② 蒋永穆、赵苏丹、周宇晗:《习近平城乡发展一体化思想探析》,《政治经济学评论》2016年第5期。

第三节　中国农民群体弱势化趋势的主要表现

在考察我国农民群体弱势化趋势时,人们通常用单一的指标,或者是从农民群体的经济收入情况,或者是从农民群体的社会权利情况等来考察、衡量和评价农民群体弱势化现状,以这种以偏概全的方式来解释我国农民群体弱势化趋势问题。然而实际上,我国农民群体弱势化趋势是多种原因共同作用的结果,农民群体弱势化趋势在诸多方面都有所表现。笔者认为,我国农民群体弱势化趋势的表现至少包括以下几个方面。

一、农民群体生存安全困扰突出

改革开放以来,我国农民群体的人均收入增加显著,农民群体的生活质量有了较大的改善。然而,受我国"城乡二元结构"体制的影响,与其他群体相比,农民群体的经济基础还比较薄弱,农民群体与其他群体之间的收入差距呈现出继续扩大的趋势,较大一部分农民还面临着绝对贫困和相对贫困的双重困扰。通过 40 年来我国城乡人均可支配收入和消费支出情况(如图 2.4 所示),可以得出以下几个方面的结论。其一,改革开放以后农村和城市人均可支配收入都在增加,但城市人均可支配收入增加的速度远远快于农村,农村和城市人均可支配收入的差距在快速增大。其二,改革开放以后农村人均可支配收入与人均消费支出两条曲线基本重合,这说明农民群体的收入仅能满足消费的需要,收入结余很少,而城市人均可支配收入与人均消费支出两条曲线间距呈现扩大趋势,这说明城市居民在满足正常的消费状态下储蓄在不断增加,收入结余较多。其三,从图 2.4 中农村和城市人均可支配收入和人均消费支出曲线的走势来看,城乡居民之间的收入和消费支出差距明显,并且这种差距还存在继续扩大的趋势。一言以蔽之,改革开放以来,农民群体的经济收入虽有所增加,但与城市居民相比,农村居民的经济收入增速较慢,农民群体的经济基础还比较薄弱。城乡居民之间经济收入差距日益扩大,农民群体经济地位不断弱化。因而,正像习近平总书记在党的十九大报告中指出的那样,"中国特色社会主义进入新时代,我国社会主要矛盾已经转化为人民日益增长的美好生活需要和不平衡不充分的发展之间的矛盾。"因此,进一步改善农民群体的经济基础,促进农民群体与其他群体之间协调发展,是解决农民群体弱势化趋势的重要手段。

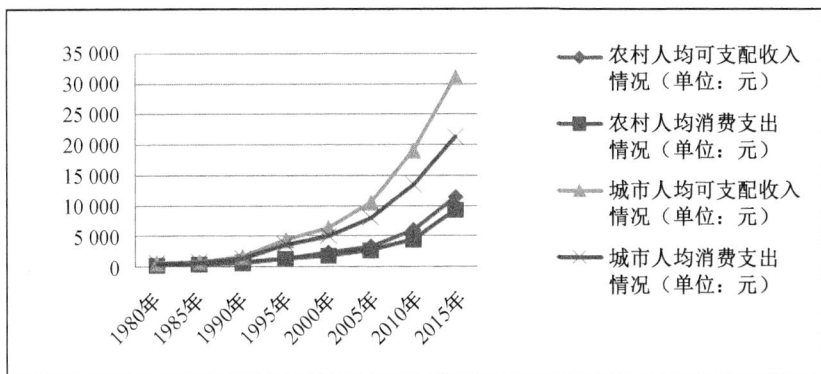

图 2.4　1980—2015 年我国城乡人均可支配收入和消费支出情况

(数据来源于中国统计年鉴)

与城市其他群体相比,农民群体依然处于弱势,而且更为严重的是,在农民群体中还有数量庞大的农村居民没有摆脱生存风险的困扰。具体而言主要表现在以下几个方面。其一,改革开放后,农民群体的经济收入虽然有了较大的提升,但受教育、医疗等政策影响,加之农业生产资料、日常消费品价格的提升,农民群体的经济压力依然很大,农民群体生活质量改善较慢,多数农民群体依然是以温饱为主。如表2.1所示,从2011—2015年我国农村地区人均消费支出情况来看,近5年我国农民群体消费支出主要是为了满足食品、居住、医疗、交通等基本生存需要,文教娱乐支出、其他产品及服务支出在总消费支出中的比例较低,特别是其他产品及服务的支出仅占总消费支出的1.89%。表2.1的数据表明,目前我国农民群体的消费支出主要还是为了解决生存方面的需要,农民群体整体生活质量水平还比较低。其二,改革开放以来,我国在农村贫困治理方面取得了较大成就,特别是近几年国家通过精准扶贫战略使农民群体中贫困人口迅速减少,农民群体中贫困人口比例不断降低,国家扶贫工作取得很大成效。"根据2016年国民经济和社会发展统计报告,按照每人每年2 300元贫困标准计算,2016年农村贫困人口4 335万人,比上年减少1 240万人。"然而,值得我们警醒的是,我国农民群体中贫困人口的绝对数量还比较大,同时,有许多农民主要是依靠政府财政补贴脱贫,而不是依靠自己的技能和劳动能力脱贫,他们将来返贫的风险很高。其三,与其他群体相比,农民群体中农民工经济来源稳定性较差,许多农民工时刻面临着失业及生存风险。显然,改革开放后,我国农民群体经济生活水平有所改善,但农民群体中还有大量的人口并没有摆脱生存风险的困扰。

表2.1 2011—2015年农民地区人均消费支出情况　　　　　（单位:元）

年份	总消费支出	食品烟酒支出	服装支出	居住支出	生活用品支出	交通通信支出	文教娱乐支出	医疗支出	其他服务
2015	9 222.7	3 048.0	550.5	1 926.2	545.6	1 163.1	969.3	846.0	174.0
2014	8 382.6	2 814.0	510.4	1 762.7	506.5	1 012.6	859.5	753.9	163.0
2013	6 112.9	2 054.5	437.7	1 169.3	384.5	795.8	485.6	613.9	171.6
2012	5 908.1	2 323.9	396.4	1 086.4	341.7	652.8	445.5	513.8	147.6
2011	5 221	2 107.1	341.3	961.5	308.9	547.0	396.4	436.8	122.0

(资料来源:中国统计年鉴)

综上所述,在改革开放40多年的时间里,我国农民群体的经济状况获得了很大的改善,农民群体中贫困人口的数量有了大幅度下降。但是,我们还应该看到,一方面,改革开放以来,农民群体与其他群体之间的经济差距不但没有缩小,还呈现出继续扩大的趋势,农民群体中相对贫困问题比较突出,在农民群体中存在着较强的"相对剥夺"感。另一方面,从目前农民的人均可支配收入和消费支出情况来看,我国农民群体的经济基础整体上还比较薄弱,大量的农民还面临着生存安全风险的困扰。

二、农民群体发展空间严重受限

中华人民共和国成立后,我国选择了以城市为中心的发展道路,并以户籍制度为基础构建起"二元身份性"的社会管理体系,其目的是国家通过资源的掌控和配置,更好地服务于城市发展战略。在这样的发展战略理念指导下,我国城乡之间的经济发展不平衡问题进一步被固化,同时它还使城乡之间的经济差别延伸到社会权利领域,导致了农民群体基本社会权利的长期缺失。"如果说城乡二元经济只是反映了经济发展的分工和水平不同而已的话,那么,城乡体制体现的是城乡社会地位的不平等:城乡之间呈现出明显的权利不平等、人口流动停滞、资源配置不合理、发展不平衡的等级关系特性。"①具体到社会权利方面,就是农民群体无法享受到像城市居民一样的社会保障、优质教育、社会福利、就业照顾等政策,改变农民身份性质成为农民群体中绝大多数人梦寐以求的事情。显然,农民社会权利的严重缺失,不但加剧了城乡之间的经济不平等,而且在很大程度上压制了农民群体的生存和发展空间,使广大农民长期处于贫困和相对贫困状态。

改革开放以后,我国通过推动农村经济体制改革,逐渐放松了对农民群体流动的限制,农民群体在生产经营、创业就业、教育学习等方面获得较大自由,我国城乡社会结构关系开始出现一些变动,农民群体的生存和发展空间获得了一定的扩展。但令人遗憾的是,改革开放后很长一段时期内,我国并没有改变以城市为中心的发展道路,城乡居民之间的经济收入、社会权利等方面的差距不但没有缩小,反而还出现了继续扩大的趋势,城乡之间的社会权利配置并没有彻底摆脱计划经济时期的基本结构框架,农民群体的社会权利缺失依然严重。

首先,相对其他社会群体,农民群体的社会保障权利严重缺失,长期制约农民群体的生存和发展。改革开放后很长一段时期内,我国将"效率优先,兼顾公平"确立为社会发展的主导理念,在这种理念指导下社会保障成为经济改革的配套措施,成为推动经济改革的主要工具,因而,农民社会保障权益缺失问题并没有引起社会的重视,残缺不全的农村社会保障格局也没有得到改变。直到现在,我国仍有大量农民游离在社会保障体系之外,农村依然是我国社会保障体系中最薄弱部分。例如,以社会保障制度的核心组成部分社会养老保险为例,从我国城乡和城镇养老保险领取人数和基金支出情况(表 2.2)来看,城乡养老保险领取人数高于城镇养老保险领取人数,但养老保险基金的支出规模却远远低于城镇。2015 年我国城乡养老保险领取人数为 14 800.3 万人,基金支出规模为 2 116.7 亿元,人均年支出为 1 430.2 元;2015 年城镇养老保险领取人数为 9 141.9 万人,基金支出规模为 25 812.7 亿元,人均年支出为 28 235.6 元,城镇年人均养老保险基金支出规模是农村的 19.7 倍。从 2011—2015 年我国城乡和城镇养老保险领取人数和基金支出情况的变化来看,城乡社会养老保险基金支出差距还有进一步扩大的趋势。农民群体社会保障权益的缺失或社会保障水平过低,长期制约着农民群体的生存和发展安全。

表 2.2　2011—2015 年我国城乡和城镇养老保险领取人数和基金支出情况

	2011 年	2012 年	2013 年	2014 年	2015 年
城乡养老保险领取人数(单位:万人)	8 921.8	13 382.2	14 122.3	14 741.7	14 800.3
城镇养老保险领取人数(单位:万人)	6 826.2	7 445.7	8 041.0	8 593.4	9 141.9
城乡养老保险基金支出(单位:亿元)	587.7	1 149.7	1 348.3	1 571.2	2 116.7
城镇养老保险基金支出(单位:亿元)	12 764.9	15 561.8	18 470.4	21 754.1	25 812.7

(资料来源:中国统计年鉴)

---

①　陆学艺主编《当代中国社会结构》,社会科学文献出版,2010 年,第 257 页。

其次,农村文化教育事业发展滞后,压制了农民群体的进步和上升空间。改革开放后很长的一段时期内,我国将发展重心放到了城市建设上,并在文化教育资源的配置中把政府的目标指向城市,从而导致农村文化教育事业发展严重滞后。城乡文化教育资源配置失衡,不但进一步固化了"城乡二元结构"模式,也压制了农民群体的进步和上升空间,加剧农民群体的弱势化趋势。"社会资源尤其是公共资源占有与分配的不公正状况,加剧中国社会主要群体的弱势化趋向。"①比如以农村义务教育发展情况为例,迄今为止我国义务教育资源配置向城市倾斜的基本格局仍然没有改变,农民群体的义务教育质量还比较低。具体而言主要表现在以下几个方面。一方面,农村义务教育办学经费较少。从2011年我国农村和城镇普通小学数量规模及部分收入来源(表2.3)来看,我国农村小学数量为169 045所,城市小学数量为72 204所,农村学校数量远远高于城市数量,但从办学的经济情况来看,城市学校的赠予收入、学杂费、事业收入等费用远高于农村,相对城市来讲,农村办学经费较为欠缺。另一方面,农村义务教育师资质量较低。从目前我国小学的师资情况分布来看,农村学校师资学历层次偏低,甚至有许多教师没有接受过正规的师范教育。而在城市特别是大城市中,小学教师多经历过正规的师范院校学习,学历层次较高,甚至有些城市中,小学的师资主体力量可以达到由研究生以上学历的教师组成。显然,城乡文化教育资源配置失衡,严重阻碍着农民的进步和上升空间,进一步加剧了农民群体的弱势化。

表2.3　2011年农村和城镇普通小学数量规模及其部分收入来源

	学校数量/所	捐赠收入/万元	学杂费收入/万元	事业收入/万元	国家财政性经费/万元
农村普通小学学校	169 045	102 146	23 509	358 382	37 249 144
城镇普通小学学校	72 204	116 211	917 497	1 280 347	38 350 687

(资料来源:中国统计年鉴)

最后,与其他群体相比,农民群体的劳动权利保护严重不足,农民群体维权比较艰难。随着农村市场经济体制改革的推进及农村生产力的提升,农村大量的剩余劳动力开始进入城市务工,农民工与雇主之间发生劳动纠纷的事件不断增加。由于法律、政策等的不健全,雇主为了自己获得超额的经济利益,常常侵犯农民工的经济利益,维护农民工的劳动权利及经济利益就成为当前我国社会亟待解决的重要问题。"中国农民工是享受'改革成果'最少的族群。"②因而,能否解决好农民工的劳动权利保护问题,直接关系到农民群体的切实利益。从目前来看,我国农民工劳动权利保护严重不足主要表现在这几个方面。第一,农民工无法获得与正式工人一样的经济待遇,"同工不同酬"现象十分严重。在城市用工的过程中,因为农民身份的影响,农民工与正式工人付出同样的劳动,甚至更多的劳动,却无法得到应有的、一视同仁的工资待遇。第二,农民工无法获得与正式工人一样的社会待遇。农民工因为户籍身份的限制,虽然他们在城市工作和生活多年,却无法获得与正式工人一样的社会待遇。例如,农民工不能和正式工一样拥有双休日、节假日、失业保障等,农民工难以融入城市

---

① 吴忠民:《走向公正的中国社会》,山东人民出版社,2008,第129页。
② 梁晓声:《中国社会各阶层分析》,文化艺术出版社,2017,第340页。

社会中。第三,农民工无法获得与正式工人一样的升迁渠道。一般农民工即使非常努力地工作也不能成为正式员工,不能获得培训和升迁的机会,农民工的升迁渠道被堵。显而易见,农民工在我国现代化发展过程中付出了艰辛的劳动和巨大的牺牲,但却没有得到应有的经济报酬和社会尊重。因而,农民群体劳动权利保护严重不足,导致农民群体经济利益受损和社会地位下降,从而进一步加剧了农民群体的弱势化。

三、农民群体基本权益维护困难

改革开放以来,农民群体在经济基础、社会权利等方面弱化的同时,也逐渐被边缘化了,他们的政治影响力逐渐减弱。农民群体政治地位的下降,使其在法律规范、经济运行、社会财富分配等政策的制定中,失去了充分参与和表达自己利益关切的机会,农民群体的基本利益诉求常常被决策者忽视。“农民的基本诉求往往成不了公共舆论的焦点。”[1]在快速社会转型时期,农民群体的政治影响力弱化,会导致农民群体的基本利益受到侵犯,出现其他群体吞噬农民群体利益的现象。这种现象大致可以概括为以下两个方面。一方面,在社会财富和资源的再次分配中,农民群体该得的利益没有得到。也就是说,在国家改革开放成果的分享过程中,农民群体并没有合理地分享到应得的成果,从而导致农民群体的生存和发展空间受到限制。例如在公共资源、公共服务等配置中,国家采取了“重城市轻农村”的配置政策,这种“厚此薄彼”的现象导致农民在社会保障、文化教育、基础设施等公共资源享有方面严重滞后,农民群体发展缺失有效的外部基础。另一方面,在初次分配中,农民群体的部分应得利益被其他群体侵占。在初次分配中,其他群体利用权力、技术、财富等优势,以直接或间接的方式将农民群体的应得利益据为己有。例如,改革开放以后,在城市的农民工超时工作、被拖欠工资、无理解雇等现象频繁发生,在农村强制征地、强制拆迁、乱收费等现象较为严重,或者“基层政府或村组织为加强对外招商力度,随意改变农户承包合同,集中土地进行流转,形成事实上土地兼并”[2],导致农民群体的基本利益经常被侵犯。长此以往,农民群体基本权益无法获得有效维护,必然会对我国社会经济的持续发展造成严重的负面影响。

从一定意义上讲,在现代社会中农民群体参与政治的程度如何,是衡量一个国家现代化进度的一个重要指标,同时也是衡量农民群体社会地位的重要评价指标。我国作为社会主义国家,扩大农民群体政治参与的深度、广度和效度,不仅可以有效地维护农民群体的基本利益,增强农民群体劳动的积极性,还可以提升农民群体的政治热情,巩固社会主义制度的群众基础。然而,从当前我国农民群体政治参与程度来看,农民群体政治参与的深度、广度和效度都非常有限,农民群体政治的影响力及地位下降趋势明显。究其原因,笔者认为主要有两个方面原因:一方面,农民群体自身的原因。一般来讲,一个群体能否有效地参与政治议程,能否对政治发展有较大的影响力,通常与这个群体的整体文化水平、心理素质、经济基础等有着密切联系。然而与其他群体相比,农民群体的文化水平、心理素质和经济基础都比较差,农民群体自身条件的不足,在一定程度上制约农民群体参与政治的深度、广度和效度。另一方面,政府和精英群体的原因。长期以来,政府和精英群体对农民政治权利的忽视,也是制约农民群体政治参与程度提升的主要因素。通常精英群体为了固化自己的既得利益,不希望扩大农民群体政治参与的深度、广度和效度,他们往往会利用手中的权力、经济、知识

① 吴忠民:《走向公正的中国社会》,山东人民出版社,2008,第120页。
② 陈旭:《中国目前农村土地产权制度研究》,吉林大学硕士学位论文,经济管理,2013,第34页。

等优势来压制农民群体政治参与的机会。另外,政府对农民群体政治参与程度的提升缺乏必要的引导和保护。按照一般的政治参与逻辑,农民群体有效地参与政治活动离不开政府的组织和引导,如果缺乏政府合理的组织和引导,农民群体就无法获取政治参与的机会和渠道。近些年我国一些地方政府并没有重视农民群体政治参与的组织和引导,导致农民群体在相关政策的决策中无法充分表达自己的想法和建议,农民群体的政治地位明显下降。当前,我国已经建立起社会主义人民代表大会制度,制定和颁布了信访、协商、基层自治等政策,为农民群体有效参与政治活动创建了良好的外部环境。但是,由于受农民群体自身素质和政府组织引导不足等限制,农民群体实际参与政治的活动并不理想,农民群体还不能通过有效参与政治,维护好自己的基本利益诉求。因此,进一步健全农民群体政治参与制度,改善农民群体的政治参与环境,对提升农民群体的政治地位,维护农民群体的基本权益具有重要意义。

四、农民群体发展能力存在不足

改革开放后,党、政府和人民群体深刻地认识到科技和文化的重要性,并逐步将振兴我国教育事业,提升人民科学技术和文化水平作为我国社会发展的重要战略目标及任务,我国人民群众的生产技能和文化水平获得了整体性提升。在这一战略导向下,我国农民群体的生产技能和文化水平也有所提升,这为农村社会经济的持续健康发展提供了重要的智力和技术支撑。但同时,我们也应该清楚地看到,我国农民群体在社会经济发展程度上与其他群体相比,其文化素质还处于较低的水平。从国家的角度看,农民群体文化素质整体水平偏低带来的是农民群体竞争能力的严重下降。具体表现为农民群体难以适应生产、生活智能化的现实需要,难以适应市场经济激烈竞争的局面,尤其是难以适应中国迅速现代化后的新局面。从个人角度来看,农民群体文化素质整体水平偏低带来的是农民群体发展能力和生存竞争能力的削弱。长此以往,大量农民向上层社会流动的努力无疑会变得越来越艰难。因而,文化素质偏低、发展能力不足,逐渐成为农民群体弱势化趋势的突出表现。系统考察我国农民群体文化素质的基本情况,笔者认为我国农民群体文化素质偏低,发展能力不足。具体表现为以下两个方面。

一方面,农民群体的就业能力严重不足。虽然现阶段我国农村已经实现了九年义务教育的普及,但我国绝大多数农民群体接受义务教育的取向是为了考上大学获取高等教育的机会,如果不考大学,义务教育对农民就业的帮助就比较小。也就是说,农民群体中许多社会成员虽然完成了九年义务教育,但却并没有获得较高的就业能力。农民群体知识储备依然难以适应生产、生活智能化的现实需要。另一方面,农民群体的创新能力严重不足。我国改革开放的实践证明,拥有一定的创新能力是一个群体获得社会认可和财富的重要前提。"从实际收入调查来看,改革开放以来,收入上升最快的阶层依次为(排前5位):私营企业主、经理人员、国家社会管理者、专业技术人员、个体工商户;从社会的主观评价上看,目前无论哪个阶层的主观评价都认为工人、农民、农民工的获益很少,评价均排在后3位。"①客观统计数据和社会主观评价证明,拥有一定的创新能力是一个群体获得社会认可和财富的重要基础。"与1992年以前'体力劳动致富'不同,1992年后出现的所谓'新富'群体很多为从

---

① 陆学艺主编《当代中国社会结构》,社会科学文献出版社,2012,第185页。

事脑力劳动的'高级知本家'。"①显然,农民群体的创新能力严重不足,在一定程度削弱了农民群体的发展能力和生存竞争能力。因而,振兴农村职业教育,培养有知识、懂技术的高素质农民是非常必要的。

第四节　中国农民群体弱势化趋势的影响

农民群体作为我国人口最多的群体,其弱势化趋势带来的负面影响是多方面的,如果这一问题长期得不到合理解决,那么,它最终可能会影响到我国社会主义制度的持续稳定发展。改革开放总设计师邓小平指出,"如果我们的政策导致两极分化,那么我们就失败了……"②笔者认为,农民群体弱势化趋势带来的最直接负面影响有以下几个方面。

一、制约经济持续发展

国内外实践经验启示我们,在社会生产和分配过程中,如果一味地追求分配的公平性,最终会导致劳动者积极性下降、企业负担沉重等后果,会损害社会的整体效率,阻碍社会经济的进步和发展。例如,我国在计划经济时期追求分配的绝对公平,就挫伤了劳动者的生产积极性,致使经济增长缓慢。还有西欧、北欧国家追求高水平的社会福利体系,虽然缩小了社会群体之间的贫富差距,但却产生了"养懒汉"的现象,阻碍了社会经济的进步和发展。与此同时,国内外实践经验又告诉我们,在社会生产和分配过程中,一味单纯地强调效率而忽视公平的重要性,就会引起社会阶层之间的矛盾和对立,也不利于一国内需能力的释放,最终阻碍社会经济的发展。例如,许多发展中国家,在生产和分配过程中一味地追求效率,忽视了公平的重要性,从而导致国内社会阶层之间矛盾突出,甚至出现了动荡和战乱,最终阻碍了社会经济的进步和发展。因而,在社会生产和分配过程中,我们要注意协调好公平与效率的关系,在注重公平、公正的同时,也要考虑到效率的重要性。

然而,在我国改革开放后很长一段时期内,我们在生产和分配关系处理上片面地强调效率的重要性,并提出了"效率优先"的发展理念,仅仅用经济增长速度这个单一的指标来评价地方治理,导致改革中出现了一系列严重的问题,农民群体弱势化趋势不断加剧即是表现之一,农民群体与其他群体之间发展不平衡状况异常突出。农民群体弱势化趋势问题已经成为制约我国经济持续稳定发展的重要瓶颈。首先,农民群体弱势化趋势问题,将严重削弱经济持续发展的动力。从目前我国经济发展的基本情况来看,生产过剩现象已经成为制约我国经济持续发展的重要障碍,在产品出口和投资规模不足的情况下,内需拉动就成为解决生产过剩现象的关键手段。显然,农民群体作为我国人口数量最多的一个群体,它的弱势化趋势必然会使商品的购买力不足,经济发展的内需拉动变小,削弱经济持续发展的动力。其次,农民群体弱势化趋势问题,将严重削弱经济持续发展的活力。从我国农民群体弱势化趋势的主要表现来看,农民群体基本社会权利的缺失,使他们时刻面临着养老、医疗、教育等风险的困扰,农民群体的后顾之忧比较严重。因而,农民群体为了解决这些后顾之忧,就必须加大个人储蓄,与此相连的是消费的减少,也进一步导致了经济持续发展的活力不够。最后,农民群体弱势化趋势问题将严重削弱经济持续发展的优质人力资源供给。当今社会已

---

① 陆学艺主编《当代中国社会结构》,社会科学文献出版社,2012,第185页。
② 邓小平:《邓小平文选 第三卷》,人民出版社,1993,第111页。

进入智能化时代,一国社会经济能否实现高速持续发展,往往取决于他们所拥有人力资源的数量和质量。显而易见,农民群体的弱势化趋势将不利于农民群体教育、技能和文化水平的提升,在较大程度上抑制了优质人力资源的供给,进而制约经济的持续健康发展。综上所述,我们可以清楚地发现,农民群体弱势化趋势问题将直接影响中国经济的持续稳定发展。

二、影响社会和谐稳定

在现代社会,社会群体之间良好的互动关系及有效合作是实现社会和谐稳定发展的重要前提。然而改革开放以来,随着农民群体弱势化趋势现象的不断加剧,农民群体与其他群体之间在社会经济发展成果分配上出现严重失衡,农民群体与其他群体之间的协调合作、包容共享关系趋于恶化,农民群体与其他群体之间的矛盾和隔阂在逐渐加深。长此以往,必然会给社会和谐稳定带来严重的负面影响。"当社会各群体之间的隔阂和抵触积累到一定程度时,必定会进一步损害社会各群体之间的团结与合作,引发或加重其他一系列的社会问题,造成社会的不安甚至是社会的动荡。"①改革开放后,尤其是近些年,精英群体凭借手中掌握的权力、财富、知识等优势,快速地完成了财富积累,率先富裕起来。而农民群体由于受自然环境、自身条件、社会环境等方面制约,虽然经济生活水平有了较大的改善,但与其他群体相比改善程度有限,农民群体与其他群体,特别是精英群体之间的差距在逐年扩大,农民群体弱势化趋势不断加剧。值得我们注意的是,虽然市场经济改革加剧了农民群体弱势化趋势,但是我们更应该看到,社会保障、教育卫生、基础设施等公共资源配置的失衡,也是导致农民群体弱势化日趋严重的重要原因。与市场经济改革加剧了农民群体弱势化趋势相比,公共资源配置失衡导致的农民群体弱势化更让人难以忍受。综合来看,现阶段农民群体弱势化趋势现象已十分严重,所产生的负面影响已达到一定程度,如果任其发展必将会引起严重的社会冲突和动荡,也必然会破坏社会的和谐稳定。

首先,农民群体弱势化趋势问题会引发或加重部分农民的生存风险,造成社会动荡。从社会发展的历史来看,无论是农业社会还是工业社会,生存需求是所有群体的最基本需求,如果这一需求无法获得有效满足,必然会引起生存风险,造成社会动荡。一般而言,农民群体的弱势化趋势越是明显,农民群体的生存保障和安全感就会越弱。当众多的农民遇到生存风险而无法得到有效解决时,这种风险就会演化成农民群体风险,他们可能会采取暴力的方式来解决这一风险,进而导致严重的社会动荡。"许多人因陷入生存困境而群起抗争,铤而走险者更会揭竿而起,这已是历史的定律与教训。"②其次,农民群体弱势化趋势问题会诱发与其他群体之间的隔阂、矛盾和冲突,造成社会的不安甚至动荡。当前,我们在关注农民群体弱势化趋势的相关指标时,更应当关注这些指标背后带来的负面影响。尤其是农民群体弱势化趋势加剧,造成的社会群体间矛盾及对立现象。例如,前些年我国出现的农民工劳资冲突引起的群体性事件、农民征地拆迁引起的对立事件等。这些事件是近些年农民群体与其他群体之间隔阂、矛盾和冲突的集中表现。这些对立事件如果不能得到合理的解决,必然会引起严重的社会风险,从而危害社会的和谐稳定。最后,农民群体弱势化趋势问题会固化城乡二元结构矛盾,引起城乡之间的矛盾与对立。城乡二元结构矛盾已经困扰我国半个多世纪,如果置之不理,就会不断加重农民群体弱势化趋势问题,使城乡之间的矛盾与对立

① 吴忠民:《走向公正的中国社会》,山东人民出版社,2008,第134页。
② 郑功成:《社会保障学:理念、制度、实践与思辨》,2000,第184页。

更加突出。显然,不断激化的城乡矛盾,很有可能带来较为严重的社会动荡和社会危机,将使中国改革开放以来积累的社会成果毁于一旦。所以,从社会和谐稳定的视角来看,加强农民群体弱势化趋势问题治理,就成为当今中国社会亟待解决的重要问题。

三、抵消社会发展的意义

改革开放 40 多年的实践经验表明,如果盲目地追求经济增长,而不注重社会公正及维护好人民群体的根本利益,就会抵消或降低社会发展的意义,使经济发展背离政策的初衷。中国作为社会主义制度国家,解放生产力和发展生产力的最根本目的,是为了更好地满足人民群众的生存及发展需要。"最终达到共同富裕,是社会主义的价值目标,也是社会主义和资本主义的本质区别。"[1]因而,我国改革开放的根本目标不是单纯地追求经济增长,而是为了更好地满足人民的物质需要,经济增长只是实现人民幸福生活的手段。然而,改革开放后很长一段时期内,我国单纯地追求经济的增长速度,忽视了农民群体弱势化趋势的治理,农民群体生存和发展状态明显恶化,农民群体与其他群体之间的差距越来越大。农民群体弱势化趋势问题如果得不到有效解决,不仅会引起农民群体的不满,造成种种社会问题,也会导致内需拉动不足,制约经济的持续发展,进而造成"有增长无发展"的局面。这样看来,农民群体弱势化趋势问题,不仅意味着农民群体与其他群体之间发展的失衡,也意味着农民群体没有有效地分享到社会发展成果。显然,这不仅背离了改革开放的初衷,也可能会偏离社会主义制度发展的根本方向。笔者认为,农民群体弱势化趋势问题,对社会发展的抵消至少表现在以下两个方面。

一方面,农民群体弱势化趋势问题,在一定程度上表明社会经济增长背离了人的本质需求。毫无疑问,在社会主义制度国家,社会经济发展的根本目的是满足人民群众更好地生存和发展,而不是单纯地为了获取某种物质力量的积累。马克思指出,"通过社会生产,不仅可能保证社会成员的物质生活,而且还可能保证他们获得充分的自由发展。"[2]然而,在改革开放后很长一段时期内,我国许多地方将经济增长视为发展的目的,从而给社会带来了许多不利的负面影响,导致农民群体弱势化趋势问题长期无法得到有效解决。这样的结果不仅降低了人民群众自身的价值,而且也偏离了社会主义制度发展的根本方向。另一方面,农民群体弱势化趋势问题,在一定程度上表明社会经济发展成果的共享性较差。国内外马克思主义理论者,几乎都强调社会经济发展成果的全民共享性,确立其为社会主义制度的根本价值目标,并视其为社会主义和资本主义的本质区别。例如,恩格斯指出"所有人共同享受大家创造出来的福利"[3],邓小平指出"如果导致两极分化,改革就失败了。"[4]我国作为社会主义制度国家,只有坚持社会经济发展成果的共享,才能保证社会经济发展的积极意义。当然,我们追求社会经济发展成果共享不能脱离一定的历史条件,更不能不切实际地追求绝对的公平或共享。就像我国计划经济时期追求绝对平等一样,极低的社会经济发展水平必然会导致全面共享实践遇到挫折。"匮乏使人类在生存竞争中相互敌视。"[5]但是,当社会经济发

① 韩喜平、庞雅莉、穆艳杰主编《马克思主义经典著作精选导读》,吉林大学出版社,2007,第 304 页。

② 马克思、恩格斯:《马克思恩格斯选集 第 3 卷》,人民出版社,1995,第 757 页。

③ 马克思、恩格斯:《马克思恩格斯选集 第 1 卷》,中共中央马克思恩格斯列宁斯大林著作编译局编译,人民出版社,1995,第 243 页。

④ 邓小平:《邓小平文选 第三卷》,人民出版社,1993,第 139 页。

⑤ 丹尼尔·贝尔:《后工业社会的来临》,高铦、王宏周、魏章玲译,商务印书馆,1984,第 505 页。

展到一定程度时,我们刻意回避或故意忽视全民共享性问题,那就说明这个社会财富分配机制出现了严重的问题。经过40多年的改革开放,我国已经具备了推行社会经济发展成果全民性共享的物质基础,但农民群体弱势化趋势依然存在,这充分说明我国社会经济发展成果的共享性还不够。

四、削弱党的执政基础

从中国共产党的发展历史来看,我党之所以能够推翻国民党统治,获取执政地位,其中一个最为重要的原因是与广大农民结成了同盟军,获得了广大农民群众的支持。中华人民共和国成立后,我党非常重视对农民群体利益的保护,通过土地革命彻底解决了农民被压迫、被剥削的历史,极大地提升了农民群体对党和国家的信任感,从而进一步巩固了党的领导地位及新生政权。由此可见,中国共产党的历史是为人民群众谋取福利的历史。同广大农民群众保持血肉相连的密切关系,是共产党安命立身的重要基础。"历史地看,中国共产党使得民众得到具体的'实惠',因而得到中国民众的拥护。"①因而,在社会经济改革发展中,能否维护好农民群体的基本经济利益,能否有效地改善农民群体的社会和政治地位,关系到我党执政基础的稳定性和合法性。显然,如果我国农民群体弱势化趋势问题长期无法得到有效解决,必然会削弱我党的执政基础。

从新的社会经济发展形势来看,我国农民群体弱势化趋势问题,对我党执政基础的负面影响主要表现为三个方面。一是我国农民群体弱势化趋势问题,将会动摇农民群体对党和政府的信心。改革开放以来,我国出现了严重的贫富分化、腐败、下岗失业、土地征迁等社会问题,农民群体的基本利益受损现象突出,社会和政治地位下降明显,农民群体的生存和发展矛盾逐渐凸显。面对这些矛盾与问题,我国许多地方政府或管理者并没主动积极地思考解决对策,而是用经济增长优先、稳定压倒一切等传统思维把这一问题淡化或隐藏起来,导致农民群体基本利益诉求得不到应有的回应和尊重,进而动摇了农民群体对党和政府的信心。二是我国农民群体弱势化趋势问题造成部分地区出现农民围攻党政机关的行为。在社会经济的转型过程中,由于部分地方政府没有妥善处理好劳工权益,腐败、拖欠工资、土地征迁等问题的出现,使农民群体经济利益损失严重,进而引起严重的社会矛盾和冲突。部分农民已经意识到地方政府不作为是导致其经济遭受损失的重要原因,他们开始集中起来通过上访、游行、静坐等方式表达不满,用这些方式捍卫自己的利益,甚至在这一过程中出现了围攻党政机关现象。显然,长此以往,这种现象有可能导致大规模的社会动荡,也必然会削弱我党的执政基础。三是我国农民群体弱势化趋势问题会引起社会群体之间的矛盾和对立,恶化我党的执政环境。随着我国社会转型的加快、加深,我国开始进入利益博弈时代,在这个过程中如果农民群体弱势化趋势问题不能得到有效解决,就必然会引起农民群体对其他群体的不满,甚至出现冲突和对抗。当这种冲突和对抗达到一定程度,有可能引起政治危机。由此可见,我国农民群体弱势化趋势问题得不到有效解决,就必然会削弱我党执政基础。

---

① 吴忠民:《走向公正的中国社会》,山东人民出版社,2008,第132页。

第三章　中国农民群体弱势化趋势的症因索解

农民群体弱势化趋势是社会不公正的典型表现,它在发展中国家表现得尤为明显。农民群体弱势化趋势问题对社会和谐稳定与经济的持续发展有着十分不利的影响,尤其是随着我国社会经济改革的不断深入,农民群体弱势化会引发更多的社会矛盾。显然,加快农民群体趋势化趋势治理节奏,推动各群体之间的协调发展是当前国家发展中亟待解决的重要任务。在这种背景下,系统探讨农民群体弱势化趋势形成的原因,对我们制定科学合理的治理对策,推进社会经济持续稳定发展有着重要的意义。

第一节　传统城乡二元结构的影响

在过去40多年的改革中,我国城乡关系虽然发生了一些改变,但是从整体上来看这种改善并不大,城乡关系并没有彻底摆脱传统城乡二元结构的基本框架,如城乡二元性的居民身份制度、社会权利体系、产权分配制度等问题并没有得到根本性解决,城乡差距不但没有缩小,反而呈现出继续扩大的趋势。城乡二元结构是加剧我国农民群体弱势化趋势的重要因素。

一、城乡二元性的居民身份性质

中华人民共和国成立后,通过社会主义改造、人民公社运动和合作社运动等方式实现了我国社会结构的再造。其中最为重要的表现之一是国家通过户籍制度建立起影响深远的"城乡二元性"居民身份性质。政府通过户籍制度将我国人口人为地划分为农业人口和非农业人口,并在此基础上建立起几十种相关制度,严格控制资源配置和农村人口的流动。如"规定农业人口只能从事农业活动。"[1]拥有不同的居民身份性质,就意味着拥有不同的权利、待遇和社会地位。"城乡二元化的后果就是将城乡差别演变成社会地位等级差别。"[2]因而,我国城乡二元性的居民身份性质在很大程度上加剧了本已紧张的城乡关系,弱化了农民群体的生存和发展权利,加剧了农民群体的弱势化趋势。具体而言,主要表现在以下两个方面。

一方面,城乡二元性的居民身份性质限制了农民向上流动的机会。中华人民共和国成立后很长一段时期内,农村人口绝大多数是农业人口,他们难以在城市定居、就业和生活,甚至不允许在城镇长期居住,因而,将农业户口改变为非农业户口成为多数农民一生的最大愿望。"拥有一个非农户口成为农民一生的最大希望和追求,他们最大的遗憾也可能就是没有实现这样的希望和追求。"[3]显然,城乡二元性的居民身份性质,不仅压缩了农民群体的生存和发展空间,而且还限制了农民向上流动的机会。另一方面,城乡二元性的居民身份性质降

---

① 陆学艺主编《当代中国社会结构》,社会学科文献出版,2012,第257页。
② 同上书。
③ 同上书。

低了农民群体的社会和政治地位。中华人民共和国成立后很长的一段时期内,居民身份性质不仅直接涉及社会成员的物质利益获取,而且还影响到社会成员的社会和政治权利。一般情况下,拥有农业户口的社会成员只能从事农业生产活动,无法享受到住房、医疗、养老、社会福利等基本的社会权利,在政治上也无法享有与非农业户口社会成员一样的参政议政机会,而且这种身份还带有一定"终身"和"世袭"的性质。"农民的后代只能当农民,而工人和干部的子女可以替代父母的工作,享受国家的就业安排政策。"①城乡二元性的居民身份性质,将农民群体人为地变成了"二等公民",弱化了农民群体的政治和社会地位。

改革开放后,虽然我国农民群体的经济收入和生活质量有了较大改善,但并没有彻底改变二元性的居民身份性质带来的危害,城乡之间利益的刚性化问题明显加剧。一方面农民群体被歧视问题依然严重。当代社会,农民群体被歧视现象主要表现为经济歧视和社会歧视。经济歧视主要是指农民群体因为经济收入较低,受到社会及他人的区别对待。如,农民群体因为经济收入较低,其子女只能选择接受较差的教育。社会歧视主要是指农民群体由于身份性原因,在劳动权利、就业、薪酬等方面遭受区别对待。如,农民工在城市无法获得与城市其他群体一样的就业机会、劳动权利等,农民工无法享受到同等的市民权;另一方面,城市精英群体开始出现利益结盟的趋势。改革开放后,城市中的政治精英、知识精英和经济精英得到快速发展,他们的社会、经济地位较计划经济时期有了明显提升。政治精英、知识精英、经济精英为了进一步巩固自己的已有利益和获得更多利益,三者之间常常通过利益互换、侵犯其他群体的利益等方式,来增加各自的利益。三者之间的关系变得越来越紧密,并开始出现利益结盟的趋势。"中国现阶段精英群体的壁垒化和封闭化倾向还表现在本群体利益的单方面扩张,而且这种单方面扩张往往是以损害另一方群体亦基础阶层群体的利益为必要前提。"②由此可见,城乡之间利益的刚性化加剧,必然会加剧农民群体的弱势化趋势,增加农民群体弱势化趋势治理的难度。

二、城乡二元性的社会权利体系

在40多年的改革开放中,我国通过推动户籍制度改革、农村联产责任承包制、发展乡镇企业等措施,逐渐打破了城乡二元性的居民身份带来的限制,使农民群体获得了前所未有的发展。但令人遗憾的是,由于受城乡公共资源配置不公、公共服务供给失衡等因素的影响,我国城乡二元结构格局并没有获得彻底的突破。改革开放以来,城乡之间的发展差距不但没有缩小,反而出现了迅速扩大的现象,城乡之间发展失衡越来越明显。例如,我国社会学家陆学艺教授,在《中国社会阶层研究报告之三》中这样描述了城乡之间的差距,"中国1978年城乡收入差距为2.57:1,2007年扩大到3.3:1。最近调查表明,城乡收入差距应当在6:1之上。"中央党校吴忠民教授认为,"世界多数国家城乡之间的差距在1.7倍之内,中国城乡之间的实际差距为(5~6):1,中国城乡之间的差距世界第一。"③城乡二元性的社会权利体系,不仅阻碍了农村社会经济的发展,而且还进一步加剧了农民群体与城市其他群体之间的差距。

其一,我国城乡公共资源配置失衡的状况依然明显。获取一定的公共资源,是维持一个

---

① 陆学艺主编《当代中国社会结构》,社会学科文献出版,2012,第257页。
② 吴忠民:《走向公正的中国社会》,山东人民出版社,2008,第206页。
③ 同上书,第4页。

地区社会经济正常运转及持续发展的重要保证。就现实情况而言,政府作为公共资源配置的主导和实施者,对于公共资源配置的优先顺序选择起到关键性作用。在公共资源配置优先顺序的安排上,政府应当从全民的利益出发,不能带有倾向性,做出厚此薄彼的选择。但是,从这些年我国公共资源配置的优先顺序选择的实际情况来看,政府选择了"重城市轻农村"或"以城市为中心"的发展策略,在很大程度上抑制了农村社会经济的发展。一方面,公共资源供给的严重不足,必然使农村劳动力、土地等生产要素的市场化进程受到限制,难以发挥应有的作用;另一方面,公共资源供给的严重不足,使农民群体被置于"边缘人"的地位,其结果是严重降低农村对优质人力资源的吸引力,不利于农村经济和社会的全面发展。我国"以城市为中心"的公共资源配置体系,不但降低了农民群体的社会地位,而且还进一步扩大了城乡之间的发展差距。由此可见,在改革开放的过程中,解决好城乡公共资源配置失衡问题,是我们实现农民群体弱势化趋势治理的关键。"在权利不平等、公共资源配置不合理的情况下,城市对农村的支持就无从谈起。"①

其二,我国城乡之间公共服务供给严重失衡。在计划经济体制下,我国形成了城乡二元结构的社会管理体制,城乡公共服务供给按不同的目标分设和分治,形成了城乡分割的公共服务供给模式。改革开放后,这一模式并没有发生根本性改变,城乡分割的公共服务供给模式依然牢固,城乡之间社会权利保障的不对称问题非常突出。从国内外社会经济发展的经验来看,解决好农民群体的公共服务供给问题,是促进农民群体增收和农村社会经济发展的重要前提。然而,我国城乡分割的公共服务供给模式,导致农民群体生存和发展权利严重不足,这不仅对农民群体造成了极大不公和伤害,而且还压制了农民群体的生存和发展空间。城乡之间公共服务供给的失衡,进一步加剧了农民群体的弱势化趋势。就当前我国社会经济发展的实际情况来看,我国公共产品配置仍以城市为主,城乡居民基本权利失衡。公共产品配置过度向城市倾向,其实质反映出来的是城乡居民社会权利之间的不合理和不平等。在这种社会权利不平等的制约下,城乡居民之间实现协调发展也无从谈起。由此可见,受我国城乡二元性的社会权利体系影响,当前我国城乡关系的实质仍然处于不公正的状态,城市支配农村、城乡差距扩大等问题并没有得到彻底解决,农民群体弱势化趋势依然明显。

三、城乡二元性的经济发展模式

改革开放后,我国依然长期坚持"以城市为中心"的发展模式。所谓"以城市为中心"的发展模式,就是在促进我国社会经济发展的具体资源配置、政策制定等过程中优先考虑城市发展的需要,重点照顾城市的发展。在改革开放初期,选择"以城市为中心"的发展模式,与我国人口多、底子薄、城市发展环境比农村好等具体国情有着本质的联系。在这种特殊国情下,我们把有限的资源集中在一起,实施城市优先发展是最佳选择,这也和邓小平总设计师提出的第一个战略构想相吻合。即"我的一贯主张是,让一部分人、一部分地区先富起来。"②但关键问题是,随着改革开放的推进,城市发展起来后我们没有及时地调整方向,通过城市支援农村实现共同发展。反而,导致城乡之间的发展差距持续扩大,邓小平总设计师提出的"先富带后富,实现共同富裕"的第二个战略构想没有得到有效贯彻。显然,改革开放中后期,我们依然坚持"以城市为中心"的发展模式是错误的,它不仅固化了城乡二元结构发

---

① 陆学艺主编《当代中国社会结构》,社会学科文献出版,2012,第272页。
② 邓小平:《邓小平文选 第三卷》,人民出版社,1993,第166页。

展格局,阻碍了共同富裕战略目标的实现,而且还压缩了农民群体的生存和发展空间,进一步加剧了农民群体的弱势化趋势。

近些年,国家为了促进城乡协调发展,开始实施乡村振兴、工业反哺农业等发展策略,国家强农富农政策体系不断强化。在乡村振兴战略指导下,农村社会经济有了更多的发展机会,农民群体的生存和发展环境有了较大的改善。但是,受"以城市为中心"发展模式根深蒂固的影响,我国城乡发展差距依然巨大,"以城市为中心"的发展模式带来的负面影响仍没有彻底消除。一方面,农民群体中优质人力资源流失严重。"以城市为中心"的发展模式,不仅导致农村发展对优质人力资源吸引力不足,而且还造成了农民群体中优质人力资源向城市的流失,从而使农村社会经济发展丧失人力资源优势。另一方面,农村经济发展的资本投入短缺。"以城市为中心"的发展模式,导致城乡之间公共资源、公共服务等供给严重失衡,造成农村社会经济发展的外部环境较差,因而减少了社会资本的流入机会,农村社会经济发展丧失了资本优势。由此可见,改革开放后,在"以城市为中心"的发展模式作用下,我国城乡之间的贫富、发展等差距不断扩大,农民群体弱势化趋势不断加剧。

第二节 渐进式改革中的政策偏误

纵观改革开放以来我国农民群体弱势化趋势问题,除了传统"城乡二元结构"模式的影响外,国家渐进式改革中出现的一些政策偏误,也是导致农民群体弱势化的一个重要原因。我国渐进式改革中的失误至少包括以下几个方面。

一、没有协调好公平与效率之间的关系

经过改革开放40多年的高速发展,我国农村社会经济建设成绩斐然,农民群体的生活水平获得了普遍的提升,但为什么农民群体还会有怨气与不满,甚至出现因为利益纷争闹出群体事件的现象?究其原因,不合理的收入分配制度,特别是城乡二元性的收入分配结构所导致的两极分化现象是重要的根源之一。改革开放后,我国为了"鼓励一部分人、一部分地区先富起来",对当时的按劳分配制度进行了改革,确立了"一主多辅"的收入分配格局。允许鼓励资本、技术、管理等生产要素参与分配,坚持'效率优先,兼顾公平'的分配制度。"基尼系数表明,1989—2009年,城市和农村收入不公平在2006年达到高峰,分别为44.35和53.69,对泰尔L(MLD)指数的分解表明,农村内部的收入分配不公平对城乡居民收入不公的贡献占主导地位,城乡之间的贡献较少。"[①]公平与效率之间的关系失衡成为导致农民群体弱势化趋势形成的重要因素。

就社会各群体生存和发展的实际状况而言,社会财富的分配方式选择会对其产生十分重要的影响。社会财富分配方式的核心问题就是公平与效率的关系问题。改革开放后,在对公平与效率关系的处理上,我国在很长的一段时间内采取了"效率优先,兼顾公平"的做法。不可否认,这一做法在打破传统计划经济束缚、推动市场经济快速发展起到了积极的意义,但一味地强调"效率优先",就会降低"公平"的价值,造成公平与效率之间的对立和失衡。"改革开放后很长的一段时间里,国家把效率放在优先位置,错误的将效率与公平对立

---

① 王小林:《贫困测量:理论与方法》,社会科学文献出版社,2017,第71页。

起来,导致效率与公平之间的严重失衡。"①现在我们重新审视"效率优先,兼顾公平"的做法,可发现重视效率而忽视公平,会引发社会群体之间的两极分化问题。

　　系统反思"效率优先,兼顾公平"的制度与农民群体发展之间的关系,我们可以发现,这一做法造成了以下几方面的负面影响。其一,"效率优先,兼顾公平"理念,使地方政府过度专注于经济增长率,而忽视社会均衡发展的重要性。改革开放后很长一段时期内,地方政府在"效率优先,兼顾公平"理念的指导下,将大部分公共财政、公共资源等投入到城市社会经济的发展上,从而忽视了农村社会经济发展的重要性。农村财政投入不足,严重制约了农民、农村和农业的发展。"新农村建设,从最实在的角度来说就是钱。"②城乡公共财政、公共资源等配置的失衡,加大了城乡之间的发展差距,导致了对农民群体发展不利的局面。其二,"效率优先,兼顾公平"理念,使政府过度重视经济建设投入,忽视基本民生改善。改革开放后很长一段时间内,我国将更多的财政收入投入到经济发展中,却忽视了农民群体基本民生的改善,导致农村经济发展的社会环境较差。例如,迄今为止,农村社会保障制度依然残缺不全,制约着农民群体的生存和发展。促进农民增收、农业进步、农村繁荣的首要前提是解决好广大农民的生存和发展权。由此可见,政府基本民生改善方面的财政投入不足,在一定程度上延缓了农村社会经济的发展。其三,"效率优先,兼顾公平"理念使政府忽视再次分配的重要性,不利于缩小市场初次分配形成的贫富差距问题,形成"强者恒强、弱者恒弱"的社会发展格局,进一步固化了农民群体的弱势化地位。"'效率优先,兼顾公平'的思维模式事实上只是简单地把本应由政府承担的责任推给了市场,企图让市场机制去解决社会公平问题。"③由此可见,"效率优先,兼顾公平"理念,加剧了农民群体的弱势化趋势。

二、没有处理好权利与义务之间的关系

　　权利与义务相结合,理应是现代社会经济持续健康发展的指导原则,中国的社会经济制度改革也应该将权利与义务有机结合起来。就社会经济发展的一般规则而言,获得公平的养老、医疗、卫生、教育等基本服务是每个公民应有的基本社会权利,也是政府的基本职责,而积极、努力地工作,推动社会经济持续发展进步则是每个公民的基本义务。中外实践证明,如果不能处理好权利与义务之间的关系,社会阶层之间的矛盾、冲突便不可避免,社会和谐必将成为空话,社会经济发展也必将陷入难以持续的困境。因而,处理好权利与义务之间的关系问题也成为各国社会经济变革的重要原则。

　　显然,将权利与义务紧密结合起来,同样是中国这样一个人口众多的发展中国家实现社会经济持续健康发展的必由之路。但令人遗憾的是,在我国40多年的改革开放中,由于没有处理好权利与义务之间的关系问题,导致许多行业及群体的付出和回报不能成正比,进而形成较大的收入分配差距。特别是农民群体的收入远远低于其他社会群体的收入水平。"国家统计局公布的数据表明,2011年全国城乡居民收入差距达到3.13:1,如果加上社会福利等,收入分配差距还会扩大,由此引发了一些群体事件。"④21世纪初以来,国家虽然对权利与义务之间的关系进行了调整,但是我国城乡收入差距依然过大,农民群体收入水平偏低

　　① 卢成会:《中国社会保障制度价值理念选择研究——基于马克思人的发展理论》,吉林大学,博士学位论文,2017,第96页。
　　② 孙立平:《重建社会:转型社会的秩序再造》,社会科学文献出版社,2009,第269页。
　　③ 余成跃:《转型期中国社会公正问题研究》,复旦大学出版社,2013,第163页。
　　④ 景天魁、高和荣、毕天云:《普遍整合的福利体系》,中国社会科学出版社,2014,第347页。

的问题依然没有得到有效解决。"2004 年以后,城镇人均可支配收入与农村人均纯收入比例增速虽然放缓,然而 2008 年仍高达 331.49%。"[1]就农民群体弱势化趋势而言,我国权利与义务之间的关系不平衡问题,主要表现为政府公共财政配置的偏好上,它在很大程度上加剧了农民群体弱势化趋势问题。"政府的发展观、偏好,对社会分层定型化过程产生十分重要的影响。"[2]具体而言:我国渐进式改革中的政策偏误表现在以下两个方面。

一方面,长期热衷于追求国家经济的高速增长,忽视农村社会政策建设的重要性。改革开放后,许多地方政府将经济增长作为衡量社会进步的唯一指标。他们认为只要把经济建设搞好,农民群体的生存和发展环境就会自然而然地变好。在这样的价值理念指导下,我国农村社会政策建设,始终落后于社会经济发展速度,农民群体基本社会权利严重不足,农民在社会变革中逐渐被置于"边缘人"的地位,其结果就造成农民群体权利与义务的割裂。"新阶段统筹城乡发展的实质是在满足农民生存的基本需求基础上保障农民的发展权。"显然,一旦失去基本的社会权利,农民群体弱势化趋势就会进一步加剧。另一方面,长期热衷于追求扩大城市建设规模,忽视了农村公共财政投入的重要性。在现代社会,政府一般通过公共投入来保证公民的生存和发展权利,同时公共投入也是政府履行自己责任的重要体现。改革开放过程中,许多政府官员为了彰显政绩,更快地获得升迁的机会,把公共投入的重点放到容易出政绩的城市上,并将扩大城市建设规模作为执政的重要目标,从而导致对农民群体基础性需要投入的不足。"中国现阶段社会主要群体的弱势化趋势问题之所以出现并日益严重,原因很多,财政总实力的不足固然是其中的一个重要原因,但是更为重要的恐怕是政府自身定位的错位以及由此所带来的公共投入优先顺序的颠倒。"[3]显然,没有合理的公共财政投入,再高的经济增长效率也可能被少数人所"鲸吞"。

三、没有解决好地方行政权力的异化

从我国农民群体弱势化趋势的致因来看,地方行政权力的异化是一个重要影响因素。地方政府公共权力异化,主要是指县和乡镇两级政府在公共权力的使用中出现背离全心全意为人民服务宗旨的价值指向,将公共权力作为谋取私利或为其他群体、个人谋取不正当利益的工具。在我国行政体系中,县和乡镇两级政府直接负责管理农民、农村及农业事务,他们在公共权力运用中理应忠实地履行全心全意为人民服务的宗旨,维护农民群体利益不受侵犯。毛泽东曾指出,"人民要解放,就要把权利委托给能够代表他们的、能够忠实为他们办事的人,这就是我们共产党人。"[4]然而,在改革开放过程中,由于我们对地方行政权力异化问题估计和预防不足,许多官员利用公共权力寻租、谋利、贪污等,国家关于农村、农业和农民的相关政策成为某些地方官员玩弄权术和谋取私利的工具,农民群体的切身利益受到严重侵犯。正如孙立平教授所讲:"当有了一笔钱时,一定要看到这笔钱的旁边趴着无数的'饿狼',这是最要命的问题。有很多研究表明,中央政府拨的钱,最后能到农村里去的只有15%~30%,还不说这笔钱用得怎么样。"[5]由此可见,地方行政权力的异化问题,在一定程度上加剧了农民群体的弱势化趋势。

① 景天魁:《普遍整合的福利体系》,中国社会科学出版社,2014,第 348 页。
② 吴忠民:《走向公正的中国社会》,山东人民出版社,2008,第 105 页。
③ 吴忠民:《走向公正的中国社会》.济南:山东人民出版社,2008,第 108 页。
④ 中共中央编委会主编《毛泽东选集 第 4 卷》,人民出版社,1991,第 1128 页。
⑤ 孙立平:《重建社会:转型社会的秩序再造》,社会科学文献出版社,2009,第 269 页。

从现实情况来看,我国地方行政权力异化的问题突出表现为两个方面。一方面是地方政府主要职能出现了某些错位现象。在社会主义制度国家,地方政府的主要职责应该是维护社会公正,致力于地方民生的改善。但长期以来,许多地方执政者并没有坚守住这一点,而是热衷于扮演"经济型政府"的角色,从而忽视了公共事物责任建设的重要性,特别是一些地方政府部门运用公权谋私,它们通过直接或间接介入市场的方式来为本部门、单位和群体谋取私利,造成了严重的集体腐败。"一些行政部门利用公共权力,扩张'自己人'的利益。"①地方政府过度地关注经济利益,就会忽视民生问题的改善,导致农民群体趋势化趋势问题长期得不到解决。"当市场经济发育到一定时候,政府理应回到维护社会公正为己任的合理位置。"②因而,推动地方政府由"经济型政府"向"公共服务型政府"转变,将成为我国农民群体弱势化趋势治理的关键步骤。另一方面是地方政府运用公权的非程序化现象比较突出。公共权力运用只有纳入法律程序化轨道,才能保证公共权力真正为人民群体服务。在社会主义制度国家,公共权力理应为维护社会公正、增进人民群众的福祉服务。但不能否认的是,在改革开放后很长一段时期内,地方政府运用公权的非程序化现象比较突出。如地方政府在公权的运用过程中带有一定的利益倾向性。一般而言,公权的运用应依据客观公正的原则进行,即对于每个公民及社会阶层一视同仁。但在公权的实际运用过程中,地方政府官员常常对社会精英群体进行利益倾斜,给予他们更多的实惠。相反,对处于劣势地位的农民群体采取十分苛刻的态度,甚至时常出现侵犯农民群体合理利益的现象。一些地方政府在公权的运用过程中甚至出现超越法律范围的行为。地方政府在公权的运用过程中,常常对一些信息采取封锁的做法,一些涉及民生的重大举措的制定通常也是关起门来决定。在信息不透明和缺乏监督的情况下,许多地方政府官员就会按潜规则来行使公共权力,以牺牲农民群体的利益为代价来增加其他群体或个体的利益。因此,地方政府运用公权的非程序化现象对农民群体弱势化趋势产生了较大的负面影响。

第三节　农民群体自身发展困局的影响

纵观改革开放以来我国农民群体弱势化趋势问题,除了受传统"城乡二元结构"模式、国家渐进式改革中出现的政策偏误等外部因素影响外,农民群体自身发展困局也是导致农民群体弱势化趋势的重要原因。比如,与其他群体相比,农民群体的居住环境、文化素质、社会政治影响力等方面整体欠佳,在一定程度上加剧了农民群体的弱势化趋势。

一、空间环境制约

城乡空间方面的差异也是造成农民群体弱势化趋势的重要因素。关于这一点恩格斯指出,"在国和国、省和省,甚至地方和地方之间总会有生活条件方面的某种不平等存在。"③显然,恩格斯很早就意识到空间环境不同,对社会群体之间差距造成的重要影响。从空间环境来看,我国城镇一般位于气候和生态环境较好,交通条件优越便利的地带,同时又是某一地

---

①　吴忠民:《走向公正的中国社会》,山东人民出版社,2008,第200页。
②　同上书。
③　马克思、恩格斯:《马克思恩格斯全集 第三十四卷》,中共中央马克思恩格斯列宁斯大林著作编译局编译,人民出版社,2016,第124页。

区的政治、经济和文化中心,社会经济活动效率较高。相反,我国农村一般位于自然环境相对复杂、生态环境相对落后、交通不便,不利于开展社会经济活动的地区。"在地理约束成为刚性条件下,即使没有改革开放政策,平原地区的率先发展也是必然的。"①因而,城乡之间空间环境差异,对我国农民群体弱势化趋势的形成有着重要的影响。具体而言,表现为以下三方面:

首先,城乡地理位置的差异在一定程度上制约了农民群体的发展。从人类社会发展的历史来看,一个群体生存和发展空间的大小,往往受其生活的自然环境、资源多寡等方面的制约。因而,地理位置的差异就构成农民群体与其他群体发展差距的初始条件。"地理位置的不平等可以减少到最低限度,但是永远不可能完全消除。"②与其他群体相比,我国农民群体一般生活在地理位置偏远的农村,交通十分不便。而且与城市相比,农村一般自然资源相对匮乏、自然环境比较恶劣、各种灾害也比较频繁,在一定程度上限制了农民群体的生产和经济活动,进而影响到农民群体与其他群体之间的社会地位和利益分配。其次,城乡基础设施的差异,在一定程度上制约了农民群体的发展。从国内外农村经济的发展经验来看,完善的基础设施是实现农村现代化的重要基础,也是农民群体致富的必要条件。然而,受"以城市为中心"发展模式、农村人口分散、农村自然环境较差等因素的影响,我国农村基础设施建设财政投入偏少,农村基础设施建设远远落后于城市,这在很大程度上限制了农民群体的生存和发展空间,拉大了农民群体与其他群体之间的发展差距。最后,城乡社会环境的差异。除受地理位置、基础设施差异等因素影响外,城乡社会环境的差异也是导致农民群体弱势化问题的重要因素。一般而言,城市地区商品经济比较发达,社会经济转型较快,现代文明程度较高,社会成员比较容易接受现代化的思想观念、市场经济理念和先进价值观等,从而容易形成积极向上的社会环境。与城市相比,农村多以从事农业生产为主,现代文明程度较低,社会成员也不愿意接受新技术、新思想,容易形成封闭保守的社会环境。受这种城乡社会环境差异的影响,我国农村改革步伐比较慢,特别是在我国一些偏远农村,传统计划经济思想依然束缚着农民的发展,人们不容易接受现代思想意识、市场经济观念和智能化发展趋势,"温饱即安""等、靠、要""老婆孩子热炕头"等保守思想依然非常盛行,严重制约着农村地区的社会经济发展。所以说,农村保守的社会环境也是我国农民群体弱势化趋势现象形成的重要因素。

二、文化素质制约

在现代社会里,文化素质在社会分层中所起的作用愈加凸显,并逐渐成为评价公民社会地位、发展潜力等方面的一个重要指标。从国内外学者的研究成果来看,较高的文化素质不仅会对个体自身发展有着重要的影响,同时也会对家庭和后代发展产生积极的影响。"具有优势地位的家庭,可以通过子女教育、对子女初职的选择等方式,间接地将其优势传递给下一代。"③然而值得我们注意的是,根据已有研究文献,我国农民群体的平均受教育年限、文化水平、职业技能等级、入学率等数据指标低于其他社会群体,农民群体的劳动生产率、科技

---

① 陆学艺主编《当代中国社会结构》,社会科学文献出版,2012,第310页。

② 马克思、恩格斯:《马克思恩格斯全集 第三十四卷》,中共中央马克思恩格斯列宁斯大林著作编译局编译,人民出版社,2016,第124页。

③ 方长春:《趋于隐蔽的再生产——从职业地位获得看阶层结构的生成机制》,《开放时代》2009年第7期。

贡献率、劳动成果附加值等水平偏低,文化素质偏低成为制约农民群体社会经济地位提升的又一重要原因。受文化素质偏低的影响,我国农民群体中许多人秉持的循规蹈矩、安贫守道、自我保全等传统思想与现代社会市场经济的竞争、开放、奋斗等要求格格不入,也在很大程度上制约了农民群体生活质量和发展环境的改善。例如,我们通过走访调研发现,在农民群体中能够快速致富的人,多数都是不肯安于现状、思想观念开放的"不安分者",他们勇于尝试新鲜事物、敢于创新、头脑灵活。由此可见,在社会经济快速的转型时期,较低的文化素质,已成为制约农民群体发展的重要障碍,受文化素质的负面影响表现在以下两个方面。

一方面,文化素质偏低制约着农民群体社会地位的提升。在当今智能化快速发展的时代,文化素质作为一种最主要的核心因素,逐渐成为划分每个社会成员及群体身份地位高低的重要指标。"家庭背景和教育程度分别作为先赋性因素和自致性因素,共同影响着子代的地位获得。"①然而,已有文献研究表明,由于受到学习资源、文化氛围、学习机会等因素的制约,农民群体在文化资本的占有方面远远要低于其他社会群体,文化素质是制约农民群体社会地位提升的重要阻碍。另一方面,文化素质偏低制约着农民群体经济收入水平的提升。由于农民群体文化素质较低,多数人都从事体力劳动,这不但限制了他们经济收入水平的提升,而且还使自己的后代在文化资本积累中处于不利位置,从而导致经济劣势地位的代际传递。"子代较低的教育程度使其在人力资本有限状况下,在劳动力市场上就业继续处于较低的位置,或者进入正规就业市场而在其后经历下岗失业,或者直接被分流到不稳定的次级劳动力市场,这限制了其劳动报酬的获取。"②以上表明,在农民群体弱势化趋势形成的过程中文化素质成为一种重要的影响要素。

三、社会影响力制约

就当代社会各群体的生存和发展而言,拥有一定的社会影响力是维护其基本利益不受损害的重要保证。已有经验表明,我国农民群体弱势化趋势形成的过程也是其逐步被边缘化的过程。从现实情况来看,我国农民群体的社会影响力趋于弱势化,突出地表现在政治和社会两个领域。农民群体政治和社会影响力变弱,使其不能有效地参与公共政策、法律等制度的制定,也无法在公共决策中充分地表达自己的意见和利益诉求,导致其基本利益无法获得起码的保护,这在一定程度上也制约了农民群体的发展。"现在农民基本的诉求往往成不了公共舆论的焦点。"③因而,社会影响力不足已经成为农民群体弱势化趋势形成的一个重要因素。

改革开放以后,我国农民群体在经济地位下降的同时,其社会与政治影响力也出现了明显下降,这在一定程度上限制了农民群体的生存和发展空间,进一步加剧了农民群体弱势化趋势。具体表现在以下几个方面。其一,由于农民群体社会与政治影响力下降,致使其在国家公共政策和相关经济利益分配方式的制定中,不能充分地表达自己的基本利益关切和诉求,从而导致农民群体的基本利益遭到其他群体的侵犯。"在人民代表大会等重要的立法机构和议事机构当中,农民的代表数量很少,因而,在制定相关的政策时难以充分反映和有效

---

①　边燕杰、芦强:《阶层再生产与代际资源传递》,《人民论坛》2014 年第 2 期。
②　孙远太:《城市贫困阶层的再生产机制及其治理政策研究》,中国社会科学出版社,2016,第 170 页。
③　吴忠民:《走向公正的中国社会》,山东人民出版社,2008,第 120 页。

维护自身的切身利益。"①在这种情况下,农民群体的基本利益诉求,往往因为其社会与政治影响力不足经常遭到忽视或侵犯。其二,由于农民群体社会与政治影响力下降,导致政府颁布的一些公共政策存在较大利益偏好,从而出现直接损害农民群体利益的行为。例如,我们在制定关乎人们生存安全的社会保障政策时,本应该对每个群体一视同仁。但是,现实状况恰恰相反,作为生存安全风险较大的农民群体,社会保障供给水平最低,并未被纳入社会保障制度之中,而生存风险较小的精英群体社会保障供给水平和覆盖水平都比较高,显然这一政策就出现了明显的厚此薄彼的现象,进一步加重了农民群体的弱势化趋向。其三,由于农民群体社会与政治影响力下降,致使其他群体利用自己的地位优势直接或间接地侵蚀农民群体利益。在现实生活中,精英群体通常利用自己的社会、政治地位优势,直接或间接地介入农民群体的利益分配,通过行政、市场等方式攫取农民群体的应得利益,直接导致农民群体利益受损。由此可见,农民群体社会影响力不足,在一定程度上制约了农民群体的发展,加重了农民群体的弱势化趋势。

第四节　农民群体弱势化趋势治理不足的影响

20世纪90年代以来,随着我国农民群体弱势化趋势问题的日益凸显,我国政府制定了一系列制度和政策来应对相关问题。但从这些制度和政策的实践效果来看,我国农民群体弱势化趋势的治理尚未取得突破性进展。究其原因,我国农民群体弱势化趋势治理至少还存在着以下几个方面的问题。

一、治理的分割性显著

农民群体弱势化趋势问题是在改革开放过程中突显出来的,其中包括经济改革引发的城乡贫富差距问题,政治、社会改革引发的农民群体的边缘化问题。为了应对改革中引发的农民群体弱势化趋势问题,国家在推动变革的同时制定了一系列防止农民群体弱势化趋势的制度。不仅如此,国家还根据改革开放的程度及形式,不断调整农民群体弱势化趋势治理策略及路径。在此基础上,我国农民群体弱势化趋势治理策略体系逐步完善。这种渐进式的农民群体弱势化趋势治理模式,与我国改革开放总体战略选择保持了一致性,对防止城乡发展差距的无限扩大,实现社会持续稳定发展具有重要的积极意义。但受这种渐进式变革因素的影响,我国农民群体弱势化趋势治理表现出明显的分割性。

一是农民群体弱势化趋势治理主体的分割性比较明显。我国农民群体弱势化趋势治理主体存在明显的分割性,不仅降低了社会资源的整合能力,同时也降低了农民群体弱势化趋势治理的效果。具体表现为两个方面。一方面,政府与其他治理主体之间的分割性比较明显。在我国,农民群体弱势化趋势治理被纳入社会经济发展的总体规划中,政府在这个过程中承担主要责任,并将这种责任明确化和制度化,这对解决农民群体弱势化趋势问题具有积极意义。但需要注意的是,农民群体弱势化趋势治理是一个复杂的"社会工程",只有动员全社会的力量才有可能真正把这一问题解决好。显然,在农民群体弱势化趋势治理过程中,只强调政府责任忽视社会组织、企业等其他治理主体的责任是不妥当的。另一方面,政府内部各部门之间的分割性比较明显。农民群体弱势化趋势治理是一个复杂的"社会工程",要解

---

① 吴忠民:《走向公正的中国社会》,山东人民出版社,2008,第120页。

决好这一问题不仅要依靠政府、企业、社会组织等多个主体的参与配合,同时更需要政府部门之间的紧密合作。但是,在我国农民群体弱势化趋势治理过程中,由于政府部门之间存在着严重的条块分割,这不仅增加了治理的成本,同时也造成了公共资源的浪费,降低了治理的实际效果。

二是农民群体弱势化趋势治理方式的分割性比较明显。从我国农民群体弱势化趋势治理方式的选择来看,目前还缺少系统的、一体化的治理手段,且并未形成统一的管理和监督部门,"龙龙治水"现象较为严重。同时,在农民群体弱势化趋势治理方式的选择过程中,治理主体缺少倾听农民群体的呼声,忽视了治理对象参与治理的重要性。"当我们能够真正从穷人的视角和经验出发来提供帮助的时候,世界发展状况就会变得截然不同了。"[①]农民群体弱势化趋势治理方式的分割性特征固然能够提升治理的灵活性和多元性,但也降低了治理的权威性和规范性,导致治理方式无法很好地满足农民群体的基本诉求,从而降低了农民群体弱势化趋势治理的效果。

二、治理的权威性欠缺

在国家社会资源总量有限的背景下,政府通过财政支持、社会保障、教育投资等方式治理农民群体弱势化问题,就意味着要对社会剩余财富进行重新分配。在这个过程中,如果缺乏必要的权威性,良好的农民群体弱势化趋势治理只能是个理想。一方面,农民群体弱势化趋势治理的资金筹集,会涉及地方政府、企业、非政府组织、个人等参与主体的权利、义务及经济利益,如果缺乏一定的权威性,便不能保证农民群体弱势化趋势治理的稳定性物质基础,进而也就难以完成农民群体弱势化趋势治理目标。另一方面,农民群体弱势化趋势治理,作为一种社会利益调配机制,有关各方面的权利和义务必须有权威性的制度进行约束,并严格按照规章制度办事,没有权威的制度规范,农民群体弱势化趋势治理就可能滑出正常运行轨道。因此,农民群体弱势化趋势治理,离不开治理的权威性。然而,从实际情况来看,我国农民群体弱势化趋势治理的权威性存在着严重不足,这在很大程度上影响着治理的效果。

从我国农民群体弱势化趋势治理的实施情况来看,治理的权威性不足主要表现在相关法律建设的滞后:首先是,农民群体弱势化趋势治理的立法工作比较滞后。与发达国家相比,中国缺乏系统性的法律体系规范农民群体弱势化趋势治理实践,因而导致各地区农民群体弱势化趋势治理实践工作存在随意性和不稳定性。其次,农民群体弱势化趋势治理的立法层次偏低。从我国农民群体弱势化趋势治理法制化的实施情况来看,规范和引导我国农民群体弱势化趋势治理实践的法规以地方法规为主,我国农民群体弱势化趋势治理实践缺乏权威性、统一性和稳定性。再次,农民群体弱势化趋势治理法制化的监督机制不健全。虽然我国制定了一些农民群体弱势化趋势治理的法律法规,但由于缺乏完善的监督机制,法律法规执行情况比较差,农民群体弱势化趋势治理实践中经常出现违法和违规行为。因此,从总体上看,法制体系建设滞后带来的权威性不足,导致了我国农民群体弱势化趋势治理机制运行的先天不足。

三、治理的规范性较差

农民群体弱势化趋势治理是政府和社会为解决社会群体之间发展不平衡问题而采取的

---

① 迪帕·纳拉杨、拉伊·帕特尔、凯·沙夫特、安妮·拉德马赫、萨拉·科克舒尔特:《谁倾听我们的声音》,付岩梅、姚莉、崔惠玲、董筱丹、孙文博译,中国人民大学出版社,2001,第315页。

公共行动。但是要实现农民群体弱势化趋势治理目标,必须要明确由谁来进行治理,怎么样提供服务、从哪里获得必要的资源、以什么样的方式来进行治理等问题。农民群体弱势化趋势治理不是一种随意性行动,而是在一定社会制度框架内的规范化行动。规范化行动,就是指对农民群体弱势化趋势治理做出的规范化安排,即通过法制过程规定由特定的机构、按照特定的资源获取渠道,为特定对象提供支持和帮助的过程。然而依据这种要求,我国农民群体弱势化趋势治理的规范性还不够,这在很大程度上影响着治理的效果。就目前具体的实践情况来看,我国农民群体弱势化趋势治理的规范性较差主要表现在以下几个方面。

首先,农民群体弱势化趋势治理主体的责任不明确。农民群体弱势化趋势治理的主体是指,在一个规范化的治理行动体系中,每个行动者都要依据一定的制度规范承担起相应的责任,扮演好相应的角色,并拥有与其相对应的权利。从国外农民群体弱势化趋势治理的实践经验来看,明确的责任主体是确保农民群体弱势化趋势治理顺利实施的重要前提。它不仅是农民群体弱势化趋势治理行动的开端,同时也是农民群体弱势化趋势治理模式选择的重要基础。然而,从我国农民群体弱势化趋势治理实践来看,我们并没有解决好这一问题。一是没有建构好农民群体弱势化趋势治理的组织体系。在当代社会,农民群体弱势化趋势治理行动的顺利完成,需要多元行动主体的共同参与,而完善的组织体系又是确保多元行动主体有效参与的重要基础。然而,由于相应组织体系的不健全,许多主体无法找到有效的参与平台,从而在一定程度上影响了农民群体弱势化趋势治理的实际效果。二是农民群体弱势化趋势治理参与主体的角色和作用不明确。即是由于政府、非政府机构、非营利组织、其他组织等,在农民群体弱势化趋势治理的过程中没有进行有效的合作和分工,从而导致农民群体弱势化趋势治理效果不理想。

其次,农民群体弱势化趋势治理的对象不清晰。农民群体弱势化趋势治理行动主要是针对农民的,但是任何国家的治理行动都无法完全无差别地对待所有农民,而总是要根据不同地区、类别等的农民的需求状况进行区别对待。与此同时,由于农民群体弱势化趋势治理行动带有很强的福利性,大多数农民都希望在治理行动中获得一定的益处。因此,在农民群体弱势化趋势治理行动中,清晰地界定治理对象显得尤为重要。然而,在我国农民群体弱势化趋势治理策略的实施中,我们并没有很好地界定其服务对象,应该为哪些农民提供服务也不明确,在涉及一些选择性服务对象时,出现了应该得到利益的农民没有得到,不该得到利益的农民却得到了不少。从实际效果来看,由于我们对治理对象的界定不清,导致治理过程中出现了农民受益方面的结构性不平衡,并产生了一些负面的社会及政治影响,降低了农民群体弱势化趋势治理的效果。

最后,农民群体弱势化趋势治理的物质基础不稳定。如何调动大量的物质资源,是农民群体弱势化趋势治理行动中的又一个重要问题。在当代社会,许多参与主体都介入到农民群体弱势化趋势治理行动中,农民群体弱势化趋势治理已经成为一个庞大的公共行动体系。如此庞大的治理体系需要大量的物质资源来支撑。然而就目前的现实状况来看,我国农民群体弱势化趋势治理的物质基础还不稳定。具体表现为两个方面:一方面,农民群体弱势化趋势治理物质资源的调动方式不明确。在农民群体弱势化趋势治理行动中,政府和其他各类组织通过什么样的方式来调动物质资源以满足治理行动需要还不明确;另一方面,农民群体弱势化趋势治理的财政支出比例不明确。截至目前,我国尚未建立起明确的财政支出基金支持治理行动,农民群体弱势化趋势治理的经费来源还不稳定。因此,建立强大的物质基础,就成为我国农民群体弱势化趋势治理行动中的一个重中之重的问题。

第四章 中国农民群体弱势化趋势
治理实践的绩效评析

新中国建立至今中国农民群体弱势化趋向问题一直存在,并呈现出加重的趋势,但这并不意味党和政府完全忽略了这一重大问题。中国共产党从建党第一天起就已经在思考农民群体的生存和发展问题,并将致力于农民群体的民生改善作为党的重要任务。特别是党的十八大以来,党和政府对农民群体弱势化问题给予了更多关注,并将农民群体发展问题上升到国家总体战略的高度。习近平总书记在中央扶贫开发工作会议中强调,到 2020 年稳定实现农村贫困人口不愁吃、不愁穿,农村贫困人口义务教育、基本医疗、住房安全有保障。解决农民群体弱势化趋势问题是党和政府今后的主要任务。因而,系统反思当前我国农民群体弱势化趋势治理措施、成就和问题,总结其经验教训,精准把握农民群体弱势化趋势治理面临的困境,对我们解决农民群体弱势化趋势问题具有重要意义。

第一节 中国农民群体弱势化趋势治理的主要措施

改革开放 40 多年,我国农民群体的生活水平生活质量有了较大的提升,但受传统二元结构模式、渐进式改革中出现的失误、农民群体自身的局限性等因素影响,农民群体呈现出明显的弱势化发展趋势,甚至至今仍有大量农民生活在贫困线以下或贫困线边缘。在这一背景下,为了解决农民群体的生存和发展困境,缩小农民群体与其他群体之间的发展差距,更快地推进我国现代化进程,党和政府制定了一系列重要的措施。这些措施对缓解农民群体弱势化趋势具有重要意义。

一、制定城乡一体化的发展战略

党中央已经明确地意识到,推动城乡一体化发展,是维系国家长治久安、改善民生的重要举措,只有制定明确的目标、清晰的发展路径、科学的实施方案,才能够真正实现城乡一体化发展。在经历过以往城乡一体化实践后,党中央进一步明确了城乡一体化发展的战略目标、战略步骤,并制定出清晰的城乡一体化发展战略。为从根本上解决我国农民群体弱势化趋势问题提供了重要的政治保障,具体内容包括以下三方面。

第一,提出了城乡一体化发展的战略方向。经过 40 多年的改革开放,国家经济实力及综合国力有了显著提升,这为推动城乡一体化发展奠定了坚实的物质基础。根据相关统计数据,2016 年我国国内生产总值为 765 873 亿元,世界排名第二,是 1978 年国内生产总值的 210 倍,国家财政收入将近 16 万亿元,是 1978 年国家财政收入的 16 倍,国家改革开放以来经济建设取得的成就,为我国城乡一体化发展奠定了充实的物质基础。同时,随着我国城市化步伐的加快,我国农村人口占总人数的比重从 1978 年的 82.08% 下降到 2010 年的50.32%,大量的农村人口流向城市,这为推动城乡一体化发展奠定了重要的社会基础。作为一个经济大国和人口大国,要想维持经济的长期稳定发展,就必须构建稳定的内需结构框架,而扩大内需的核心问题就是让社会主要群体,特别是农民群体有一个稳定的生活预期和消费信心。因而,在这种背景下,党中央明确提出了城乡一体化发展的战略目标。特别是党的十八大以来,以习近平同志为核心的党中央,为解决我国长期存在的农民群体弱势化趋势问题,推动城乡一体化发展战略早日实现,明确提出了"四个全面""五位一体""共享发展成果"等发展理念,国家强农惠农政策体系不断增强。特别是在党的十九大报告中,以习近平同志为核心的党中央,将我国现阶段社会的主要矛盾已经转化为"人民日益增长的美好生活需要和不平衡不充分的发展之间的矛盾",并系统的阐释了在发展中补齐民生短板实施乡村振兴的战略思想,更好地为新时期我国农民群体弱势化趋势治理指明了方向。因而,将实施乡村振兴战略纳入城乡一体化发展过程中,积极稳妥地实现社会经济发展成果共享的价值目标,成为中国特色社会主义新时期的重要特征,也消除了人们对城乡一体化发展战略的各种疑虑,明确了我国城乡一体化发展的战略方向。

第二,明确了城乡一体化发展战略的具体步骤。2017 年 10 月,习近平总书记在党的十九大报告中提出了在全面决胜小康社会的基础上,开启社会主义现代化建设目标的新征程。并明确指出在全面建成小康社会的基础上,继续奋斗 30 年,到建国 100 周年基本实现社会主义国家现代化。根据国家发展战略布局,我们可以将城乡一体化发展战略的步骤细化为三个阶段。第一阶段,现在至 2020 年,为全面建成小康社会阶段。这一时期,国家重要任务是构建城乡一体化发展框架,积极推进国家精准扶贫战略,为全面建成小康社会奠定坚实的基础。第二个阶段,2020 年至 2035 年,基本实现社会主义现代化阶段。这一时期,国家要在全面建成小康社会的基础上,大幅度缩小城乡之间的发展差距和生活水平差距,基本实现城乡间公共服务的均衡化供给,为实现人民共同富裕奠定基础。第三阶段,2035 年到 2050 年,实现社会主义现代化。这一时期,国家在初步实现现代化的基础上,通过努力基本消除城乡之间的发展差距,最终实现人民共同富裕。显然,清晰的城乡一体化发展战略为我国城乡一体化发展战略目标的实现提供了有力的路径支撑。

第三,制定了城乡一体化发展的战略措施。要实现我国城乡一体化发展的各阶段目标任务和总体战略目标,就必须要有能够长久支撑城乡一体化发展的重要举措。为了圆满实现我国城乡一体化发展战略,党和政府制定了一系列城乡一体化发展的战略措施。其一,发挥社会主义民主政治优势,切实保障农民群体对于城乡一体化发展的知情权、表达权和参与权。以往的实践经验让党中央意识到,城乡一体化发展战略事关国家长治久安和农民群体的基本利益,特别需要农民群体的积极参与,只有这样才能保证城乡一体化发展战略决策沿着科学、合理、有序的轨道发展。因而,积极发挥社会主义民主政治优势,成为推动城乡一体化发展战略实施的重要条件。其二,国家通过加大对农村的财政投入和社会资源支持,推动城乡一体化发展战略的实现。城乡一体化发展战略,其实质就是国家通过加大对农村支持来缩小城乡之间的差距,最终实现城乡之间的协调发展。在国家对农村的支持中,财政投入和社会资源支持就成为实现农村振兴战略的核心组成部分,同时也代表着国家推动城乡一体化发展战略的决心和态度。其三,国家制定了城乡一体化发展的人力资源支撑系统。为了更好地完成城乡一体化发展战略,国家高度重视农村发展的人力资源建设,并通过大学生村官、乡村第一书记、鼓励优秀人才回农村创业,对农民进行技能培训等方式增加农村发展的优质人力资源供给,从而为城乡一体化发展提供了有效的人力资源支撑。其四,建设城乡一体化发展的信息技术支撑系统。国家在城乡一体化发展战略的实施中,非常重视信息技术系统的建设,并通过发展相关信息技术平台、大数据工程等方式,推动城乡一体化发展战略目标的实现。由此可见,国家制定的城乡一体化发展战略措施,为我国城乡一体化发展战略目标的实现提供了重要保证。

二、提出全新的社会发展理念

对于当前我国农民群体弱势化趋势所带来的社会不公问题,全社会有了广泛的共识。尤为重要的是,2015 年以来,党中央越来越重视我国社会经济发展的不均衡问题,并提出用"五大发展理念"来破解这一发展难题,这是正确引领我国社会经济发展方式和社会财富分配方式转变、进而夺取全面建成小康社会胜利的思想武器。作为改革开放后我国社会主义建设发展的理论新成果——"五大发展理念"的形成以及在全社会范围内的逐渐确立,必将对我国社会经济发展产生深远影响,其中最为重要和最为核心的影响是它使我们的社会经济发展最终同盲目追求效率、单纯追求经济增长速度等做法告别,社会经济发展又重新回到以人为本的目标上来。具体而言,它对于农民群体弱势化趋势治理的作用,主要包括以下几个方面。

第一,在创新发展理念中,党中央不仅强调了理论创新、科技创新、制度创新等方面的重要性,而且还集中阐释了农业创新的重要意义。并明确提出要通过推动农业现代化,转变传统的农业生产方式,构建新型农业生产经营体系,彻底解决农业生产效率低和发展动力不足问题。改革开放后,虽然我国农业生产有了较大的发展,但由于受多种因素的制约,我国农业现代化水平还非常低,在许多地方农业生产还不能满足农民生存和发展的需要。从目前农民群体的收入来源来看,一般进城务工的农民的收入要远远高于从事农业生产的收入,在许多地区种地对于农民来说已经成为副业。"但这样的一些农村,其实是靠不再务农的方式富起来的农村。而中国需要的是靠务农富起来的典型,靠务农富起来的样板。"[①]这在一定程度上也证明了我国农业现代化水平还比较低,农业生产力还没有获得彻底释放。显然,党中央在创新发展理念中提出的农业现代化思想,对促进我国农业转型,增加农民群体的经济收入具有重要的现实意义。

第二,在协调发展理念中,党中央强调要重点促进城乡区域性协调发展。近几年,党中央已经意识到城乡之间发展失衡问题带来的消极影响,并明确提出要通过逐步加大对农村基础设施建设的投入和公共服务供给,缩小城乡之间的发展差距,推动城乡协调发展。改革开放后很长的一段时期内,我国依旧在实行"以城市为中心"的发展模式,导致城乡之间发展出现了严重的不同步和不平衡现象。直到现在我国城乡之间协调发展的矛盾依然比较突出。"当前中国城市支配农村、城乡差别扩大等问题没有解决,而且还趋于严重化。"[②]城乡关系的严重失衡,不仅引起农民群体的严重不满,而且还给国家社会经济的持续健康发展带来了较大的负面影响。世界各国的发展经验表明,市场机制并不能自动实现城乡之间的协调发展。那种认为通过发展市场经济,就能够使我国城乡之间的发展差距自动缩小的想法无疑是错误的。在协调发展理念中,党中央强调要重点促进城乡区域性协调发展,利用国家的力量来控制日益扩大的城乡发展差距。因而,党中央提出的协调发展理念,对推动农村经济发展、解决农民群体弱势化趋向问题具有积极意义。

第三,党中央提出的开放和绿色理念,为我国农村社会经济发展提供了全新的发展思

---

① 梁晓声:《中国社会各阶层分析》,文化艺术出版社,2017,第 323 页。
② 陆学艺主编《当代中国社会结构》,社会科学文献出版社,2012,第 268 页。

路。农村布局绿色产业具有先天的优势,"以绿色发展理念加强生态型产业发展,有效满足社会对生态产品及服务的迫切需求,建立可持续发展的资源供给模式。以开放发展理念努力构建开放、包容、合作、互济的现代经济体系格局,进一步增强我国参与经济全球化的总体供给能力。"①一方面,国家倡导丰富对外开放内涵、提高对外开放水平的理念,为我国农民群体积极参与全球农业产品供给,开拓国际农产品市场提供了重要的政治支撑。同时,国家推行的"一带一路"、区域合作、陆海内外联动等开放战略,为我国农业产品走向国际市场创造了更多的机会,为改善农民群体经济收入和社会地位创造了有利条件。另一方面,国家倡导生态良好的文明发展理念,为农村进行"美丽乡村"建设,发展乡村旅游业提供思路启发,拓展了农民群体的就业机会和经济收入来源。因而,党中央提出的开放和绿色理念,对推动农村社会经济发展,促进农民群体生活水平的改善具有重要意义。

第四,在共享发展理念中,党中央强调要通过社会再分配机制增强人民群体的获得感。经过40多年的改革开放,我国鼓励一部分地区、一部分人先富起来的战略目标已经实现,现阶段我国最主要的任务是尽快实现"共同富裕"发展战略。为了更加有效的落实"共同富裕"发展战略,全面建成小康社会,党中央提出了共享社会经济发展成果理念,并明确指出要通过促进就业、精准扶贫、社会保障、教育投入等社会再分配机制,缩小社会群体之间的差距,解决社会经济发展过程中出现的不公正问题。显然,这对缩小城乡之间社会权利和经济收入方面不平等,提升农民群体的生存和发展空间具有重要作用。因而,党中央提出的共享发展理念对解决农民群体弱势化趋向问题具有积极的意义。

"五大发展理念"的确立,对指导我国农民群体弱势化趋向问题解决,推动城乡一体化发展战略目标的实现具有特殊的意义。"五大发展理念"的提出,对于解释以往我国社会经济发展中的困扰,对于不失时机地推动城乡一体化发展战略的实施,对于推进农民群体弱势化趋势治理,均有十分重要的积极影响。

三、调整不合理的城乡管理制度

系统反思我国农民群体弱势化趋向产生的原因,我们可以清楚地发现,不合理的城乡管理制度,导致农民群体在社会经济的发展过程中无法获得平等权利和机会,这一制度是影响我国农民群体弱势化趋向的最主要原因之一。具体表现为两个方面。一方面,从社会和政治权利方面来看,不合理的城乡管理制度把农民群体排除在公共政策的制定和管理之外,农民群体只能被动地接受相关政策规定,其基本利益诉求无法获得充分的表达和尊重。因而,农民群体无法获得与其他群体一样平等参与国家事务的权利,其基本权利受损,社会地位和政治地位下降;另一方面,从社会收入再次分配方面来看,农民群体不能与其他群体一样享受相同的国民待遇,在社会收入再分配领域,国家在文化资源、财政资源、公共资源配置等方面严重向城市社会群体倾斜,从而使农民在一定程度上被迫沦为"二等公民"。农民群体在社会收入再分配领域的劣势地位,在很大程度上减少了农民群体的经济收入,导致其经济地位下降。综上所述,不合理的城乡管理制度,已经实实在在的伤害到农民群体的基本利益,是农民群体弱势化趋向的主要推动因素。由此可见,调整不合理的城乡管理制度是确保城乡一体化发展战略实现的重要保证,也是解决农民群体弱势化趋向的关键步骤。

在这一背景下,为了能够更好地推动城乡一体化发展战略的实现,促进农民群体与其他

---

① 陈旭:《加快供给侧改革 建设现代化经济体系》,《人民论坛》2018 年第 1 期。

群体之间的协调发展,国家开始主动对不合理的城乡管理制度进行调整。一是实施户籍制度改革。近些年,国家在逐步推进户籍制度改革的基础上,废除了一些非农业户口持有者的特权,户籍性歧视问题不再突出。2011年国务院办公厅颁布了《关于积极稳妥推进户籍管理制度改革的通知》,将户籍改革作为推动城乡一体化发展的关键举措,首次明确提出要在小城市和城镇开放落户限制,有序开放中等城市的落户限制,逐步放宽大城市、特大城市的落户条件。国家户籍制度改革,不仅促进了农业人口的流动,拓展了农民群体的生存和发展空间,而且还减少了因户口性质问题引起的社会歧视现象,推动了我国城市化的快速发展。其次,国家通过推动农村产权改革,完善了农民群体的基本财权保护制度。近几年,国家颁布的《引导农村土地经营权有序流转发展农业适度规模经营的意见》《关于农村土地征收、集体经营性建设用地入市、宅基地制度改革试点工作的意见》等改革方案,在一定程度上遏制了其他群体对农民群体产权利益的侵犯,保证了农民群体的基本产权利益诉求,这对减少农民群体基本财权损失,提升农民群体的社会地位产生了积极的意义。最后,国家通过调整公共资源、公共服务等政策,加大了对农村公共资源、公共服务等的供给水平,缩小了城乡之间公共资源、公共服务等配置不均衡问题。例如,国务院办公厅颁布了《创新农村基础设施投融资体制机制的指导意见》,明确提出要加快农村通讯、公路、供电等基础设施建设。近几年国家对城乡之间公共资源、公共服务等配置关系及政策的调整,对优化农村社会经济发展环境,增加农民群体的经济收入产生了积极的意义。由此可见,国家对不合理城乡管理制度的调整,在一定程度上拓展了农民群体的生存和发展空间,对减缓农民群体弱势化趋向问题产生了积极意义。

第二节 中国农民群体弱势化趋势治理取得的成绩

党的十八大以来,党中央提出了"五大发展"理念、"四个全面"战略、"五位一体"总体布局的战略指导思想,并将实现社会经济发展成果全民共享、促进城乡一体化发展摆到了前所未有的战略高度。近五年,在清晰明确的战略思想指导下,我国各级政府认识到改革与加强农村社会经济发展的紧迫性,并通过精准扶贫、产业支持、基础设施建设等方式支持农村社会经济发展,农民群体的生存和发展环境有了较大的改善,农民群体弱势化趋势有所缓解。

一、减少了农民群体中的贫困人口数量

党的十八大以来,以习近平同志为核心的党中央,非常重视农民群体中贫困人口的生存安全,并将推动贫困人口脱贫作为治国理政的一项重要任务。2013年11月,习近平总书记在湖南十八洞村考察调研时首次提出了"精准扶贫"这一概念,此后他又在各省市扶贫开发考察中和中央扶贫工作会上多次强调扶贫的意义及重要性。特别是在2015年中央扶贫工作会议上,习近平总书记系统地阐释了精准扶贫在"四个全面"战略和"五位一体"总体布局的地位和作用,以及精准扶贫与"五大发展"理念之间的关系,并做出让贫困地区及贫困人口同全国一道进入全面小康社会的庄严承诺。习近平总书记对精准扶贫的精辟阐释,为我国开展扶贫攻坚工作提供了科学的理论指南和根本遵循。

在习近平总书记精准扶贫思想的指导下,我国各级政府纷纷动员各方力量,按照"做到脱真贫、真脱贫"的总体要求,积极贯彻国家精准扶贫策略,经过这几年的努力,我国扶贫工作成绩斐然。一是农民群体中的贫困人口绝对数量明显减少。如表4.1所示,2012年,我国

农村年底贫困人口为 9 899 万人,到 2016 年,我国农村年底贫困人口降到 4 335 万人,也就是说,十八大以来,我国农村平均每年脱贫人口数量为 1 112.8 万人,五年来农村脱贫人口总量达到 5 564 万人,绝对贫困人口数量降低了 56.21%,这意味着五年来我国有一半以上的农村贫困人口实现了脱贫。二是我国农村贫困发生率有了明显的降低。如表 4.1 所示,2012 年我国农村贫困发生率为 10.2%,到 2016 年我国贫困发生率为 4.5%,也就是说,十八大以来的五年里,我国农民贫困发生率降低了 55.9%,并且农村贫困发生率呈现出逐渐降低的趋势。三是十八大以来,我国每年的农村扶贫攻坚成绩都非常突出。从每年我国农村贫困人口的减少数量来看,近五年我国农村贫困人口每年减少的人数都在 1 000 万之上,说明农村扶贫攻坚工作开展得比较扎实稳定,而且尽管农村贫困人口数量在快速减少,但国家对农村扶贫攻坚工作的重视程度有增无减。例如,如图 4.1 所示,2012—2017 年我国中央财政扶贫资金支出情况来看,我国中央财政扶贫资金支出并没有随着农村贫困人口数量的减少而减少,截止到 2017 年,我国中央财政扶贫资金支出增长到了 2012 年的 2.6 倍,并且这种增长依然呈现上升趋势。显而易见,我国扶贫攻坚工作成就瞩目。

表 4.1 2012—2017 年全国农村贫困人口数据及发生率

年度	标准 /元	当年贫困人口减少 /万人	年底贫困人口 /万人	贫困发生率 /%
2012	2 673	2 339	9 899	10.2
2013	2 736	1 650	8 249	8.5
2014	2 800	1 232	7 017	7.2
2015	2 855	1 442	5 575	5.7
2016	2 952	1 240	4 335	4.5

(资料来源:中国统计年鉴、国家扶贫网站)

	2012年	2013年	2014年	2015年	2016年	2017年
中央财政扶贫资金（单位:亿元）	332.5	394	432.87	467.2	670	860.95

图 4.1 2012—2017 年我国中央财政扶贫资金支出情况

(数据来源于国家扶贫网站)

毋庸置疑,农民群体中的贫困人口数量的减少,对于缓解农民群体弱势化趋向,推动整个社会的进步、发展具有重要意义。首先,农民群体中贫困人口数量的大规模减少,意味着农民群体的整体生存环境有了较大改善。我国扶贫攻坚的最重要目标是消除农村中的绝对贫困者,需要解决好他们的基本衣食需要,给农村贫困者和其他社会成员同等的生存权利。显然,这不仅改善了农民群体的生存环境,而且促进了社会公正和进步。其次,农民群体中贫困人口数量的大规模减少,意味着农民群体的整体生存能力有较大提升。农民群体中贫困人口数量的大规模减少意味着大量的农村贫困人口借助于国家的扶贫政策和措施,通过自己的努力找到了摆脱生存困境的方式和方法。这在一定程度上表明了农村贫困人口的生存能力的提升。最后,农民群体中贫困人口数量的大规模减少,意味着农民群体的经济收入水平有所增加。农民群体中的大量贫困者,摆脱贫困的过程也是贫困者经济收入增加的过程,显然,这对提升农民群体的整体经济收入水平具有积极的意义。因此,农民群体中贫困人口数量的减少,不但缓解了农群体弱势化趋向,而且推动了整个社会的进步和发展。

二、改善了农民群体发展的社会环境

党的十八大以来,党中央深刻意识到经济建设和社会建设之间的不平衡将会给国家的发展带来巨大的危害,也清晰地意识到如果不解决农村社会环境发展滞后的问题,就无法从根本上解决农民群体弱势化趋势问题。因此,近几年国家在"五大发展"理念、"四个全面"战略、"五位一体"总体布局等战略思想指导下,一直在着力解决农民群体发展过程中遇到的问题,而且还非常重视农民群体发展的社会环境的改善。为了能够更加精准地把握农民群体发展的社会环境变化,我们选取农村社会保障和文化教育这两个变量进行系统考察。

从社会保障制度实施来看,近些年,我国农村社会保障制度建设成就显著。社会保障制度作为一个国家的核心制度,不仅对国家社会稳定和经济发展具有重要影响,而且还对每个社会成员的生存和发展具有重要的促进或抑制作用。然而,受我国历史、经济、文化等因素的影响,新中国成立后我国农民群体长期被排除在社会保障体系的核心内容之外。农民群体社会保障制度的残缺不全,不仅违背了基本的社会公正,不利于缩小城乡之间日益扩大的发展差距,而且还在一定程度上阻碍了农民群体的流动和就业,压制了农民群体的生存和发展。近些年,随着社会经济的深入发展,农民群体社会保障制度建设滞后的弊端越来越突出,并逐渐成为制约国家社会经济持续健康发展的重要阻碍。在这种背景下,国家开始意识到农村社会保障制度建设的重要性,并通过制定一系列政策来推动农村社会保障制度发展,农村社会保障制度建设有了较大的进步。具体而言主要表现在两大方面。一方面,农民群体的社会保障覆盖范围有了很大的提升。从社会保障制度的核心组成部分养老保险和医疗保险的覆盖情况来看,近10年,农村养老保险和合作医疗保险的参保人数递增明显,农村养老保险待遇的领取人数和医疗保险的资助人数也在不断增加,这说明农村养老保险和合作医疗保险的覆盖范围在逐渐扩大。另一方面,农民群体社会保障的供给水平也在逐步提升。近些年,养老保险基金的收入、支出及累计结余等指标呈现出递增趋势,同样农村合作医疗的各项支出指标也呈现出递增的趋势,这表明农民群体社会保障的供给水平在逐步提升。

从文化教育方面来看,近些年,我国农村文化教育事业有了长足的进步。从世界各国的发展经验来看,农村文化教育事业的发展程度,影响着农民群体心理健康、基本能力、思想观念等方面的发展。然而,新中国成立后,由于我国选择了"以城市为中心"的发展模式,国家将文化教育事业的发展重心放到了城市,忽视了农村文化教育事业发展的重要性,导致农村教育事业发展长期滞后。近些年,国家为了改变因农村文化教育事业发展滞后,开始逐渐加大对农村文化教育事业的资金和人力投入,改善了农村文化教育事业长期落后的局面。以农村中小学的发展为例,如表4.4所示,从2007—2011年全国农村中小学教育经费、办学规模情况来看,农村中小学经费投入呈现出快速增长的趋势,而农村中小学招生人数和学校数量都呈现出明显的下降趋势,说明农村中小学人均经费和单个学校的办学经费增长较快,国家对农村中学教育的支持力度在逐年增加。

表4.2 2010—2015 年全国农村养老保险基本情况

年份	参保人数 /万人	实际领待遇人数 /万人	基金收入 /亿元	基金支出 /亿元	累计结余 /亿元
2010	10 276.8	2 862.6	453.4	200.4	422.5
2011	32 643.5	8 921.8	1 069.7	587.7	1 199.2
2012	48 369.5	13 382.2	1 829.2	1 149.7	2 302.2
2013	49 750.1	14 122.3	2 052.3	1 348.3	3 005.7
2014	50 107.5	14 741.7	2 310.2	1 571.2	3 844.6
2015	50 472.2	14 800.3	2 854.6	2 116.7	4 952.3

(资料来源:中国统计年鉴相关年份版)

表4.3 2005—2015 年我国农村合作医疗资助情况

年份 地区	资助参加医疗 保险人数/万人	资助参加合作 医疗人数/万人	直接医疗救 助人数/亿元	资助参加医疗 保险支出/亿元	资助参加合作 医疗支出/万元	直接医疗救 助支出/亿元
2005		654.9	199.6		9 508.4	48 140.3
2006		1 317.1	201.3		25 888.3	169 550.7
2007		2 517.3	377.1		47 971.5	349 149.3
2008	642.6	3 432.4	1 203.1	38 889.0	71 024.0	488 082.1
2009	1 095.9	4 059.1	1 140.4	58 631.3	105 035.1	807 748.6
2010	1 461.2	4 615.0	1 479.0	76 050.0	139 619.5	1 042 328.1
2011	1 549.8	4 825.3	2 144.0	105 163.0	220 189.0	1 469 146.5
2012	1 387.1	4 490.4	2 173.7	116 470.7	258 295.7	1 663 140.0
2013	1 490.1	4 868.7	2 126.4	144 061.2	300 427.0	1 804 596.5
2014	1 702.0	5 021.7	2 395.3	161 507.9	322 959.9	2 014 295.0
2015	1 666.1	4 516.9	2 515.9	177 257.7	367 577.4	2 145 715.3

(数据来源于 2016 年中国统计年鉴)

表4.4 2007—2011 年全国农村中小学教育经费、办学规模情况

年份	农村小学 教育经费 /万元	农村初中 教育经费 /万元	农村普通 小学招生数 /万人	农村初中 招生数 /万人	农村普通小学 学校数/所	农村初级中学 学校数/所
2011	37 975 040	22 879 621	698.093 7	371.49	169 045	15 112

表 4.4（续）

年份	农村小学教育经费/万元	农村初中教育经费/万元	农村普通小学招生数/万人	农村初中招生数/万人	农村普通小学学校数/所	农村初级中学学校数/所
2010	31 165 811	19 009 185	884.986 6	4 968.8	210 894	21 311
2009	27 230 002	16 975 027	915.362 7	580.3	234 157	22 921
2008	22 981 915	14 282 395	958.805 3	650.7	253 041	24 558
2007	18 834 664	11 043 073	1 006.339 0	798.5	271 584	26 124

（资料来源：中国统计年鉴相关年份版、教育网站）

农民群体发展的社会环境改善，对于缓解农群体弱势化趋向和整个社会的进步、发展必将产生积极的意义。其一，农民群体发展的社会环境改善，在一定程度上解除了生存风险给农民群体造成的后顾之忧，为农民群体专注于成长和发展创造了良好的条件。其二，农民群体发展的社会环境改善，直接提升了农民群体的文化教育素质，为农民群体开展更为复杂的社会经济活动奠定了基础。其三，农民群体发展的社会环境改善，减少了农民群体在医疗、教育、养老等方面的支出，对提升农民群体的经济地位具有重要意义。其四，农民群体发展的社会环境改善，改变了农民群体的传统思维观念，增强了农民群体从事生产经营活动的积极性和开放性。由此可见，农民群体发展的社会环境改善，对缓解农民群体弱势化趋向，推动社会的进步和发展具有积极意义。

三、拓展了农民群体发展的机会与空间

从世界各国现代化的发展经验来看，有效的协调好城市与农村之间的关系问题，是支撑社会经济持续健康发展的重要基础，也是推进国家社会现代化水平不断提升的重要保证。对于实现国家现代化和社会经济的持续健康发展来说，城乡之间的协调发展至关重要。然而，在改革开放后很长一段时期内，我国将城市视为国家社会经济发展的重心，城市发展程度几乎成为证明改革开放成果的唯一指标。城乡之间的发展呈现出严重的不平衡和不同步现象。"有西方外交官在总结中国发展时做了这样一个比喻：'城市像欧洲，农村像非洲'。"[①]当然，对于一个国家来说，促进城市社会经济发展至关重要，但是，如果只是强调城市的发展而忽视农村的发展，以城市发展来替代农村的发展，那么这样的国家不可能是一个和谐稳定的国家。因此，近些年，我国为了保证改革开放的健康推进，开始制定城市和农村并重的社会经济发展战略，拓展了农民群体发展的机会与空间。具体而言，主要表现在以下几个方面。

第一，国家通过户籍管理和劳动保护制度改革，为农民群体自由流动和进入城市就业提供了重要的制度保证，拓展了农民群体的发展机会和空间。随着我国农业生产的机械化，大量农民从农业劳动中脱离出来进入城市务工。在改革开放初期和中期，由于我国户籍管理和劳动保护制度存在一定缺陷，导致农民进城务工者的合法权益经常受到侵犯，农民群体的生存和发展权利没有获得应有尊重。"农民工所受到的是'劳动力的接纳，劳动者的排斥'，

---

① 陆学艺主编《当代中国社会结构》，社会科学文献出版社，2012，第268页。

因而其本身及其后代的生存权和发展权基本被剥夺。"①近些年,政府意识到传统户籍管理和劳动保护制度缺陷带来的负面影响,开始积极主动的完善户籍管理和劳动保护制度,废除了户籍管理和劳动保护制度中的一些不合理因素。我国户籍管理和劳动保护制度改革,改善了农民进城务工的社会环境,加快了农民向城市的流动,拓展了农民群体的发展机会和空间。

第二,国家推行的城镇化发展战略,为农民进城务工经商、安家落户等提供了可能性,从而拓展了农民群体的发展机会和空间。改革开放初期,受传统社会经济发展思维的影响,国家并不鼓励城市化,对农民在城市务工经商、安家落户等多是排斥的态度。"农村人口进城务工经商,往往被污蔑为'盲流',需要进行限制和调控,变为'有序流动'。"②显而易见,这对农民群体中有志于进城从事商业活动或安家落户的人来说,是一个难以逾越的障碍,限制了农民群体的发展机会和空间。改革开放中后期,国家逐渐意识到农民城市化的重要意义和价值,相继提出了城镇化发展战略和城市化发展战略。国家实施的城镇化和城市化发展战略,为农民转变为市民、进而就业、求学、置业等提供了重要的支撑。如图 4.2 所示,2000年后我国在城镇化和城市化发展战略的推动下,农村人口比例快速下降、城镇人口比例迅速提升,2015 年我国城镇人口比例达 56.1%,城镇人口的规模超过农村人口规模。国家推行的城镇化发展战略,不仅改变了农民的生活环境,同时也为农民获得更大的发展机会和空间创造了条件。

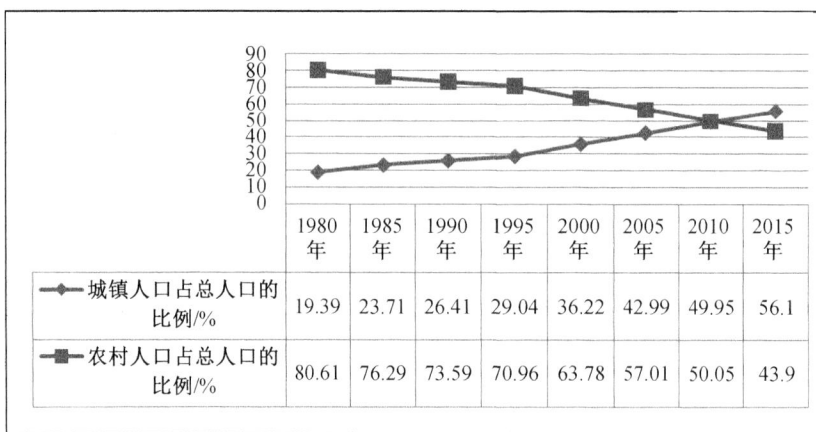

	1980年	1985年	1990年	1995年	2000年	2005年	2010年	2015年
城镇人口占总人口的比例/%	19.39	23.71	26.41	29.04	36.22	42.99	49.95	56.1
农村人口占总人口的比例/%	80.61	76.29	73.59	70.96	63.78	57.01	50.05	43.9

图 4.2　1985—2015 年我国城镇和农村人口的比重情况
（数据来源于中国统计年鉴）

第三,国家推行的乡村振兴战略计划,为农民群体的创业、就业、增收等创造了条件,拓展了农民群体的发展机会和空间。近些年,特别是十八大以来,我国在城乡一体化发展战略、全新发展理念等指导下,制定了详细的乡村振兴计划。其主要内容表现为两个方面:一方面,逐渐调整"重城市轻农村"的财政投入格局,通过增加农村财政资金的投入,进一步完善农村的社会保障制度、公共基础设施等项目,为农村社会经济发展创造一个良好的外部环境。近些年,国家通过加大对农村的财政投入,增强了农村基础设施、社会服务等方面的供

① 陆学艺主编《当代中国社会结构》,社会科学文献出版社,2012,第 159 - 162 页。
② 同上书,第265页。

给水平,改善了农村社会经济发展的外部环境,拓展了农民群体的发展机会和空间。比如以国家财政农林水事务支出为例,如图 4.3 所示,2007 国家财政农林水事务的支出规模为 3 404.7 亿元,到 2015 年国家财政农林水事务的支出规模就达到 17 380.49 亿元,在不到十年的时间里,国家财政农林水事务的支出规模增加了 5.12 倍。另一方面,近几年,政府通过制定一系列农村发展配套措施和专项工程,来推动农村社会经济的快速发展。十八大以来,各级政府为推动农村社会经济快速发展,达成全面建成小康社会目标,制定了农民就业和技能培训项目、农村金融支持项目、农村生态和智能建设工程、农村产业发展支持工程等配套措施和专项工程,为农民群体的发展提供了更多的机会和更加广阔的空间。由此可见,国家推行的乡村振兴战略计划,极大地拓展了农民群体的发展机会和空间。

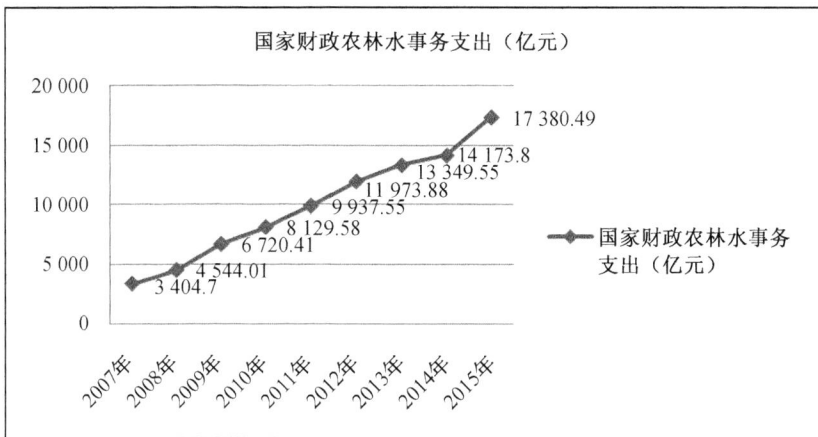

图 4.3　2007—2015 年我国国家财政农林水事务支出情况
(数据来源于中国统计年鉴)

　　综上所述,我们可以发现,近些年我国通过户籍管理和劳动保护制度改革、城镇化发展战略、乡村振兴发展战略等措施,减少了农民群体中贫困人口的数量和农村社会经济发展的阻碍,有效地改善了农民群体发展的社会环境,在很大程度上拓展了农民群体的发展机会和空间。

四、激发了农民群体发展的动力和活力

　　改革开放后很长一段时期内,我国继续奉行以"城市为中心"的建设模式、城乡分割的管理制度、城乡失衡的公共资源和公共服务配置格局等发展模式。这种不公正的社会发展模式,不但限制了农村社会经济的发展,加剧城乡之间的发展差距,而且还在一定程度上削弱了农民群体发展的动力和活力。一方面,农民群体发展的动力受到削弱。在这种不公正的社会发展模式下,就一般情形而言,大多数农民很难合理的分享到社会经济发展成果,甚至还有许多农民无法获得满足其基本生存需求的物质条件。在这种情况下,大量的农民就会失去对未来生活的信心,也很难积极主动地去参与社会经济活动,因为,他们清楚地知道在不公正的社会发展模式下,即使他们多么努力,也不能达到和城市社会群体一样的幸福生活。在不公正的社会发展模式下,大量农民会放弃对幸福美好生活的追求,农民群体发展的动力会有明显的下降。另一方面,农民群体的发展活力会受到削弱。在这种不公正的社会发展模式下,农民群体的流动往往受到相关政策的限制,这就意味着大量农民向上的自由

发展空间严重受阻。在这种情况下,农民的知识、才华和能力无法获得有效施展,使得整个农民群体发展的活力降低,进而损害社会效率,给国家社会经济的持续健康发展带来负面影响。"当市场不完善时,权利和财富的不平等转化为机会的平等,导致生产潜能遭到浪费,资源分配丧失效率。"[1]

近年来,特别是党的十八大以后,党中央对农民群体发展问题表现出空前的关注。本书认为,农民群体发展问题之所以日益突显,之所以成为当下大家普遍关心的议题,最主要是出于两个方面的原因。一方面,随着我国进入全面深化改革时期,社会发展出现了一些新趋势,而且社会成员的公正意识和权利意识已经初步形成,与之相适应,农民群体社会发展问题必然会受到整个社会的重视。另一方面,40多年的改革开放,我国积累了较多的新问题,特别是由农民群体发展的动力和活力不足而引发的社会效率降低等问题,这一问题对全面建成小康社会带来了较大的负面影响。为了顺利的实现全面建成小康社会目标,必须高度重视和改善农民群体发展问题。因此,随着我国进入全面深化改革时期,为顺应时代的变化,党中央将推动城乡一体化发展上升到国家总体发展战略的高度看待。

近几年,国家通过推行精准扶贫战略、全新的社会发展理念、城乡社会管理制度改革等重要发展措施,成功地打破了束缚农村社会经济发展的一些重要阻碍,不仅有效地改善了农民群体的生存和发展状态,而且还极大地激发了农民群体发展的动力和活力。其一,国家通过户籍管理和劳动保护制度改革,为农民群体进城安家落户、学习、择业等提供了重要的保障,这不但拓展了农民群体的发展机会和空间,而且还激发了农民群体发展的动力和活力。其二,国家通过推动农村社会保障制度的发展,解除了一些农民群体的生存风险困扰,增强了他们对未来生活的信心和希望,这不仅在一定程度上解决了农民群体的后顾之忧,而且激发了农民群体发展的动力和活力。其三,国家通过加大农村公共资源和公共服务的供给,改变了农村社会经济发展的环境,从而给农民群体创业、农业生产现代化等创造了良好的条件,增强了农民群体从事社会生产活动的积极性。其四,国家对农民群体文化教育、职业技能等方面的投入,使农民群体的综合素质较以前有了很大的提升,这在一定程度上增强了农民群体从事社会经济活动的能力,增强了他们驾驭复杂社会生产活动的信心,进而激发了农民群体发展的动力和活力。由此可见,近几年,我国推行的一系列城乡协调发展改革措施,有效地改善了农民群体的生存和发展状态,极大地激发了农民群体发展的动力和活力。

第三节 中国农民群体弱势化趋势治理面临的困境

在党中央和各级政府的努力下,我国农民群体弱势化趋势治理取得了显著的成绩,城乡之间的管理体制改革、户籍制度改革、交流方式等都有显著的进步,农民群体获得了前所未有的发展。但是,值得注意的是,当前我国城乡关系的实质还是处于严重的不平衡状态,农民群体弱势化趋势并没有得到根本性扭转,我国农民群体弱势化趋势治理仍然面临着许多困境。与以前农民群体发展面临的城乡严重分割、工农分离、城乡体制严格僵化等困境相比,现在制约我国农民群体发展的困境变得更加微观和具体。

---

[1] 周霞:《公平与发展:〈2006年世界发展报告〉的再度审视与当代中国改革》,《中共济南市委党校学报》2012年第5期。

一、社会经济政策的支持困境

从世界各国的社会经济发展经验来看,一个国家或地区的社会经济发展都无法离开一定的社会经济政策。相应地,与农村、农民、农业相关的社会经济政策的完善性、合理性、有效性、执行性等指标都会对农村社会经济的发展产生积极或消极影响,进而对农民群体发展产生正面或负面的影响。这里我们研究的社会经济政策支持困境,主要是指与农民群体生存和发展紧密相关的社会经济政策变量或制度安排存在某些缺陷,而对农民群体弱势化趋势治理产生的阻碍,这种阻碍往往表现为农民群体弱势化趋势治理的预计目标与实际效果之间的差异。从某种程度上讲,社会经济政策支持困境,可能会对农民群体的生活、就业、创业等多个层面产生负面影响,最终会制约农村社会经济的持续健康发展。为了能够更加精准地把握这种影响,我们分别对农民群体弱势化趋势治理面临的社会政策和经济政策支持困境进行分析。

农民群体弱势化趋势治理面临的社会政策支持困境。从目前中国的社会发展实际情况来看,我国农民群体弱势化趋势治理面临的社会政策支持困境主要表现为农村社会政策建设和发展的滞后,其影响具体表现在以下几个方面。其一,社会政策建设和发展滞后,制约着我国农民群体弱势化趋势治理的推进。改革开放以来,我国非常重视经济体制改革和相关政策建设,这种做法的优点是短时期内实现了我国经济的快速增长。而这种做法的缺点是造成了社会政策与经济政策之间的严重失衡,对国家社会经济的长期持续健康发展带来危害。"在现代社会,经济政策和社会政策共同支撑着社会的安全运行和健康发展。"[①]从世界各国发展的经验看,农村社会政策建设和发展的滞后,意味着农民群体在社会再次分配中无法分享到应得利益,或者基本利益被其他群体侵犯。显然,这一现象会进一步加大农民群体弱势化趋势治理难度。其二,社会政策建设和发展滞后,影响着我国农民群体弱势化趋势治理的稳定性。从国内外经验来看,农民群体弱势化趋势治理的实质涉及的是社会财富和社会利益的重新调整与分配,如果缺乏完善的社会政策、措施和具体的行动计划,那么必将会受到其他利益群体的抵制和干预,进而影响到农民群体弱势化趋势治理行为的稳定性。其三,社会政策建设和发展滞后,影响着我国农民群体弱势化趋势治理的效率和效果。一定的社会政策支撑是各级政府、组织、部门开展农民群体弱势化趋势治理活动的依据,是确保这一治理权威性和规范性的重要基础,同时也是保证农民群体弱势化趋势治理有序、高效进行的前提。由此可见,我国农村社会政策建设和发展的滞后,在一定程度上制约着我国农民群体弱势化趋势治理的顺利进行。

农民群体弱势化趋势治理面临经济政策的支持困境。从世界各国的治理经验来看,任何一个国家的农民群体弱势化趋势治理,都是在一定经济条件下实施的,都会在不同程度上受到一国经济政策的影响。农民群体弱势化趋势治理目标的实现,需要调动大量的经济资源,离不开经济政策的支持。经济政策不仅会对农民群体弱势化趋势治理的路径选择产生影响,而且还会对农民群体弱势化趋势治理的最终效果产生影响。显然,忽视一定的经济政策影响,我们就无法全面系统地认识农民群体弱势化趋势治理问题。从目前中国的社会发展实际情况来看,我国农民群体弱势化趋势治理面临的经济政策支持困境,具体表现在两个方面:一方面,经济政策中效率与公平关系的失衡制约着我国农民群体弱势化趋势治理进

---

①　吴忠民:《走向公正的中国社会》,山东人民出版社,2008,第281页。

程。正常来讲,制定经济政策时重视效率是无可厚非的,这是推动经济发展的重要动力,但是如果在制定经济政策时一味地追求效率而忽视公平的意义,那么必将会对社会发展产生不利的影响。改革开放以来,我国制定的许多经济政策都是围绕效率设计的,这对推动我国经济的迅速发展起到了积极的作用,但同时也加剧了农民群体弱势化趋势,增加了农民群体弱势化趋势治理的难度。另一方面,有些经济政策的执行排斥了农民群体的参与和获得。改革开放后,我国在经济政策的制定中,对农民群体就业、培训、务工、经商等方面设置了一些门槛和壁垒,导致农民群体在经济活动中受到严重歧视。这不仅加剧了农民群体与其他群体之间的发展差距,同时也增加了农民群体弱势化趋势治理的难度。因而,我国农民群体弱势化趋势治理仍然面临着一些经济政策的支持困境。

二、农民群体资源的储备困境

从世界各国社会发展的历史经验来看,一个社会群体或个人对资源占有和储备的多少,往往影响着这个群体的生存和发展状况。在现代社会中,资源的内涵是非常丰富的,广义上它包括信息、人力、水、土地、森林等内容,它们都能对社会成员的生存和发展产生影响。但是,在这里我们讲的资源不是广义的资源,而是研究农民群体对组织资源、经济资源和文化资源的占有和储备情况,及对其生存和发展产生的影响。作者认为在同一个自然和社会环境系统中,对于农民群体的生存和发展来讲,这三种资源是最主要的决定性资源。一般情况,农民群体对经济资源的占有和储备情况,直接影响其经济收入水平和生活质量情况;农民群体对文化资源的占有和储备情况,直接影响其素质构成和发展空间;农群体对组织资源的占有和储备情况,直接决定其在社会分层中的位置和社会影响力大小。

改革开放以来,我国各个社会群体对组织资源、经济资源和文化资源占有和储备情况发生了重要的变化,最主要的原因是市场机制的引入对资源的配置产生了巨大的影响。在计划经济时期,经济活动中的资源基本上由政府掌控,即使部分个体或群体在资源的占有和储备方面占有优势,但这种优势的发挥情况仍然取决于政府的意志,如果失去政府的认可和支持,个人基本上没有利用这种优势谋取利益的权利与机会,计划经济时期几乎所有资源的分配都是在国家价值导向下进行的。因而,在计划经济时期,虽然人们对组织资源、经济资源和文化资源的占有和储备存在差距,但这种差距并不大,而且这种差异大小程度基本掌握在政府手中。改革开放以后,随着我国市场经济发展的深入,市场机制逐渐被引入到组织资源、经济资源和文化资源的分配中,人们拥有了追逐这些资源的机会和权利。"资源配置机制发生变化,这首先表现为国家主导的资源配置模式发生改变,市场与社会获得了配置资源的权利,资源配置趋于多元化、市场化和社会化。"①然而,受个人素质、家庭环境、个人身份性质等方面的影响,个人和群体在拥有这些资源方面的差异性在逐渐扩大,并逐渐成为影响我国社会分层的关键因素。从实际效果来看,由于先天条件的不足,组织资源、经济资源和文化资源分配的市场机制引入,不但没有改变我国农民群体的弱势地位,而且还加剧了农民群体的弱势地位,这在一定程度弱化了农民群体的生存和发展空间。因而,农民群体对组织资源、经济资源和文化资源的占有和储备不足,成为制约我国农民群体弱势化趋势治理的重要因素。

近些年,国家已经注意到各社会群体对组织、经济和文化资源占有及储备不平衡的负面

---

① 陆学艺主编《当代中国社会结构》,社会科学文献出版社,2012,第23页。

影响,并对这种不平衡情况进行了改革和调整。但从实际效果来看,改革取得的成绩并不理想,各社会群体之间对这三种资源占有及储备的失衡状况并没发生根本性扭转,农民群体对组织、经济和文化资源占有及储备依然不足。从实际影响来看,农民群体资源的储备困境,对农民群体的生存和发展至少存在三个方面的负面影响。其一,农民群体资源的储备困境,会继续加大农民群体与其他社会群体之间的发展差距。在当代社会,农民群体资源的储备困境,会使得他们在社会经济发展成果的分配中处于劣势地位,从而使社会财富和机会分配向其他群体倾斜,加剧农民群体与其他群体的发展差距。其二,农民群体资源的储备困境会导致农民向上发展的机会受阻,不利于农民群体中社会成员的向上流动。就社会群体之间关系的一般发展规律而言,各社会群体之间对组织、经济和文化资源占有及储备的失衡,会导致三种资源向部分社会群体身上聚集,一些社会群体会将利用手中的资源优势给农民的向上流动设置壁垒或障碍,从而使农民失去向上发展的机会。其三,农民群体资源的储备困境,会加剧农村和农业发展的"人力资源困境",不利于农村社会经济的持续发展。农民群体资源的储备困境,会降低农村对优秀人力资源的吸引力,同时也会加剧农民群体中优秀人力资源的外流,进而使农村和农业发展形成"人力资源困境",影响农村社会经济的持续发展。由此可见,农民群体资源的储备困境,在一定程度上制约着农民群体弱势化趋势治理的有效推进。

三、外部环境不足的局限性困境

现代各社会群体的健康发展,需要相应的外部环境作为支撑。改革开放以来,我国各个社会群体发展的外部环境不断优化,推动了各个社会群体持续进步,但是各个社会群体之间发展的外部环境建设很不平衡,尤其是农民群体发展的外部环境建设较为滞后。近些年,国家虽然通过推动"乡村振兴"战略、"城乡一体化"发展战略等措施,不断完善农民群体发展的外部环境,农村社会经济发展的外部环境不断优化,但与城市相比,农民群体发展的外部环境建设依然滞后,城乡之间社会发展的外部环境差异依然非常明显。从我国的现实情况来看,我国农民群体的外部环境建设不足,至少表现为以下三个方面:其一,农民群体发展的基础设施建设依然不足。与城市相比,我国农村尤其是西部农村基础设施建设滞后,导致我国农村社会经济发展迟缓,城乡社会经济发展差距加大。一方面是农村基础设施建设的滞后,制约着农业的规模化、产业化和现代化,农民群体很难依赖农业发家致富;另一方面是农村基础设施建设的滞后,制约着农村企业、商业等方面的发展,这意味着农民群体难以依靠创业发家致富。显然,农村社会发展的基础设施建设不足,成为阻碍实现农民群体更好生存和发展的重要因素。其二,农民群体发展的公共服务环境建设依然不足。与城市相比,我国农村公共服务环境建设滞后,导致我国农民群体的综合素质偏低,这进一步加剧了城乡社会经济发展差距。一方面,农村公共服务环境建设滞后,制约着农民群体文化素质与技能素质的提升,进而挤压了农民的生存和发展空间。"社会成员要想在竞争中取胜并获得发展,就必须具备较高的文化素质与技能素质。"[①]另一方面,农村公共服务环境建设滞后,制约着农民群体身体素质的提升,进而影响到他们的生存质量和发展效果。"对于社会成员而言,追求健康是其生存和发展的至关重要的方面,因为健康是社会成员的最本能需求,也是服务社

---

① 郑功成:《社会保障学:理念、制度、实践与思辨》,商务印书馆,2000,第223-224页。

会的重要资本。"①由此可见,农村公共服务环境建设滞后是制约农民群体健康发展和持续进步的重要影响因素。其三,农民群体发展的信息化建设水平滞后。当今社会已经进入智能化时代,信息化建设水平成为影响社会经济发展的重要因素。然而,与城市相比,我国农村的信息化建设水平还比较落后,这不仅制约了农村社会经济的发展,同时还进一步加剧了城乡之间的发展差距。一方面,我国农村信息化基础设施建设比较滞后,甚至在某些农村至今仍存在着网络信号"盲区",阻碍了农村与外界之间的互联互通,使得农村社会经济活动的效率降低。另一方面,我国农村信息化应用水平依然较低,还有大量农民对互联网、大数据等信息一无所知,还不能利用信息化资源指导农业生产活动,由此制约着农村社会经济的高效发展。可见,在当代社会,农村信息化建设水平滞后是制约农民群体健康发展和持续进步的重要影响因素。

综上所述,农民群体发展的基础设施、公共服务、信息化等外部环境建设不足,限制了农民群体的发展空间和发展机会,同时也加剧了农民群体与其他社会群体之间的发展差距。由此可见,我国农民群体弱势化趋势治理仍然面临着外部环境不足的局限性困境。

四、具体策略有效实施的困境

近些年,为了有效地解决我国农民群体的弱势化趋向问题,中央及各级地方政府制定了很多促进农民群体发展的具体策略,这些具体策略为规范农民群体弱势化趋势治理实践提供了重要保证。但是,从各国农民群体弱势化趋势治理的实践经验来看,某一国家或地区农民群体弱势化趋势治理能否成功达到预期目标,不仅取决于是否拥有科学合理的策略,更取决于这些具体策略能否有效实施。因此,在农民群体弱势化趋势治理过程中,我们不仅要重视农民群体弱势化趋势治理相关策略规范的制定,还应更加重视这些策略规范的有效实施。从农民群体弱势化趋势治理策略的实施情况来看,它是一个复杂系统的行动过程,其中包含了具体实施方案的制定、实施资金和服务的传递、实施情况的反馈等多个方面。一般情况而言,在这一过程中,只有相关策略的实施者在每个环节上发挥积极主动的作用,才能有效地实现农民群体弱势化趋势治理的预期目标。然而,纵观我国农民群体弱势化趋势治理的实施过程,相关策略的实施者在每个环节上的主动性明显不足。

首先,农民群体弱势化趋势治理相关策略的实施细则不清。在农民群体弱势化趋势治理过程中,各级政府重视相关策略的目标、原则和框架等宏观方面的研究,忽视了相关政策实施细节制定的重要性,具体表现为对相关策略条文的解释不清、实施程序不规范、受益者资格认定不明确、收益标准不够明确等方面。从实际情况来看,相关策略的实施细则不清,制约着农民群体弱势化趋势治理预期目标的实现。

其次,农民群体弱势化趋势治理相关策略的资金分配不清。一般来说,农民群体弱势化趋势治理策略的实施是一个综合性的行动,在这个过程中需要多个部门或组织之间的通力合作才能完成,显然,在这个共同行动过程中合理地处理好资金在各个部门之间的分配至关重要。而且,在这个过程中还会涉及社会各个利益群体之间的协调,不同的资金分配方式会形成不同的利益分配格局。因此,农民群体弱势化趋势治理相关策略的资金分配不清,会引起部门、组织和各个社会群体之间的矛盾,阻碍农民群体弱势化趋势治理预期目标的实现。

再次,农民群体弱势化趋势治理相关政策的宣传力度不够。农民群体弱势化趋势治理

---

① 郑功成:《社会保障学:理念、制度、实践与思辨》,商务印书馆,2000,第221-222页。

相关政策制定后,需要通过各种方式向农民宣传,使农民对相关政策有进一步的了解,这样农民才有可能更好地搭政策便车。积极地宣传农民群体弱势化趋势治理相关策略,至少能够达到两个方面的积极效果。一方面,积极地宣传农民群体弱势化趋势治理相关策略,可以使农民群体清楚地了解相关策略的目标、意义和细节,从而更好地配合相关策略的落实和实施。另一方面,积极地宣传农民群体弱势化趋势治理相关策略,可以使相关政策的执行者置于群众的监督之下,进而更好地提升治理策略实施的效率和效果,实现农民群体弱势化趋势治理的预期目标。

最后,对农民群体弱势化趋势治理相关策略实施效果的评估不够。从一般经验来看,农民群体弱势化趋势治理相关策略实施一段时间后,我们应该对其实施情况进行专门的评估,以全面了解农民群体弱势化趋势治理相关策略的实施情况。对农民群体弱势化趋势治理相关策略实施效果进行评估,至少能够达到两个方面的积极效果。一方面,对农民群体弱势化趋势治理相关策略实施效果进行评估,可以对相关策略的实施过程进行有效监测,防止其发展方向发生偏差,可以更好地实现农民群体弱势化趋势治理的预期目标。另一方面,对农民群体弱势化趋势治理相关策略实施效果进行评估,可以对相关策略的目标、指导原则、实施细则等进行检验,为进一步完善农民群体弱势化趋势治理相关策略提供依据。鉴于以上两个方面的原因,对农民群体弱势化趋势治理相关策略实施效果进行评估,在农民群体弱势化趋势治理实践中具有重要意义。由此可见,我国对农民群体弱势化趋势治理相关策略实施效果的评估不够,在一定程度上制约着农民群体弱势化趋势治理预期目标的实现。

综上所述,中国农民群体弱势化趋势治理相关策略的实施细则不清、资金分配不清、宣传力度不够、效果的评估不够等,制约着农民群体弱势化趋势治理效率和效果的提升,影响着我国农民群体弱势化趋势治理预期目标的实现。由此可见,我国农民群体弱势化趋势治理,仍然面临着具体策略有效实施的困境。

第五章 中国农民群体弱势化
趋势治理的国际经验借鉴

系统梳理、总结其他国家农民群体弱势化趋势治理实践活动,是我们认识、理解、把握农民群体弱势化趋势治理方法、经验、规律的重要手段。通过深入研究其他国家农民群体弱势化趋势治理的具体策略,可以为我们进行农民群体弱势化趋势治理提供经验借鉴。当然,我们对其他国家农民群体弱势化趋势治理相关经验的借鉴并不是完全照搬照抄,而是从马克思社会公正视角出发,结合中国特色社会主义新时代背景有选择性地吸收一些有价值的东西为我国农民群体弱势化趋势治理服务。"他山之石,可以攻玉",因此,对国外农民群体弱势化趋势治理研究可以丰富中国农民群体弱势化趋势治理实践。

第一节 域外典型发达国家农民
群体弱势化治理的策略

从世界各国农民群体弱势化趋势治理的情况来看,由于发达国家完成工业化和现代化的时间比较早,它们多已成功地解决了农民群体弱势化趋势问题。从发达国家农民群体弱势化趋势治理的动机来看,尽管其缘由是为了化解农民群体因社会财富分配不公对政府和社会的敌视,维持资产阶级政治统治的稳定性,但客观地讲,发达国家进行的农民群体弱势化趋势治理实践,有效地解决了农民群体的生存和发展问题,缓和了农民群体与其他社会群体之间的矛盾,为发达国家社会经济的高速发展提供了一个良好的外部社会环境。同时,也为其他国家、特别是发展中国家开展农民群体弱势化趋势治理工作树立了典范。因此,系统梳理典型发达国家农民群体弱势化趋势治理策略,对丰富我国农民群体弱势化趋势治理思想,解决不断加剧的农民群体弱势化趋势具有重要的意义。

一、美国农民群体弱势化趋势治理的策略

美国政府为解决本国的农民群体弱势化趋势问题,制定了一系列扶持农业、农民和农村发展的措施,有效地提升了农民群体的经济收入水平和社会地位,改善了美国农民群体的生存环境和生活质量。随着美国扶持农业、农民和农村发展的措施不断增加,美国逐渐形成一套完善的农民群体弱势化趋势治理策略。具体而言,其主要内容包括以下几个方面。

第一,美国政府制定了一系列农村基础设施建设策略。美国政府在20世纪30年代就意识到农村基础设施完善对改善农业生产条件、促进农业生产效率提升、提高农民群体生活质量等方面具有积极的意义。一方面,美国政府通过调整政府财政投入策略支持农村电力、水利、道路、通信等方面的发展,为美国实现农业生产机械化、现代化创造了良好的外部环境。"美国农村基础设施建设不逊于城市,包括道路、供水、供电、通信、污水处理、绿化等农

村基础设施的综合水平很高。20 世纪 60 年代末,美国 98% 的农村地区已实现了电气化。"①另一方面,美国政府通过制定与农村基础设施相关的法律政策规范和引导农村基础设施建设的发展。为了更好地促进本国基础设施的改善,美国颁布了《联邦高速公路法》《资助道路建设法案》《现金补偿法》等一系列法律规范。这些法律规范不仅强化了政府在农村基础设施建设方面的责任,而且还鼓励民间资本投资农村基础设施建设,有力地促进了农村电力、水利、道路、通信等方面的发展。美国政府制定了一系列农村基础设施建设策略,不但极大地改善了农村基础设施落后的局面,促进了农村社会经济的发展,而且还增加了农民群体的经济收入水平,缩小了农民群体与其他社会群体之间的发展差距。

第二,美国制定了一系列保护农业发展的措施。从美国农业发展的实际情况来看,美国农业基本上不存在生产方面的问题,美国农业面临的主要是市场的问题。也就是说,与其他国家相比,美国是一个农业生产水平较高的国家,农业生产不仅可以很好地满足本国的需要,并且每年还有大量的农产品剩余。对于美国政府来说,解决农民群体弱势化趋势的重点不再是大力发展农业生产问题,而是解决农业产品的价格问题,使农民群体进行的农业生产有利可图。因此,美国政府为了保护好农民群体的利益,实现农业生产的稳定性,制定了一系列保护农业发展的措施。其内容主要有:一方面,通过农业补贴和价格保护的方式来增加农民群体的收入。美国通过制定《农业调整法》《1996 年联邦农业完善与改革法案》《2003年农业援助法案》等法律规范来保证农产品价格水平,维持农民群体收入来源的稳定性。为了缓解农产品价格降低对农民群体造成的冲击,美国政府常常通过直接或间接财政补贴的方式来保证农业生产的收益性。中国人民大学朱信凯教授曾指出:"美国农民的收入 40%来自农业补贴"。另一方面,通过限制农产品进口的方式,保护本国农业生产的收益性。美国政府为了能够更好地保护本国农业生产的利益,通过提升农产品进口关税、提升卫生检疫和技术标准、对一些农产品实行进口限制等策略,限制对其他国家农产品的进口。从实际效果来看,美国制定的一系列保护农业发展的措施,有效地保护了农业生产者的利益,缩小了城乡之间的发展差距。

第三,美国政府非常重视农业技术方面的推广。目前来看,美国不仅是一个工业化水平高度发达的国家,而且还是一个农业现代化水平高度发达的国家。从美国农业的发展历史来看,政府重视农业科学研究和技术方面推广,是实现其农业现代化发展的关键因素。美国通过颁布《哈奇法》《班克 黑德——琼斯法案》《史密斯 - 利弗法》等法律规范,来促进农业科技推广,科技在农业发展中的作用不断增强,这不仅有效地推动了美国农业生产的现代化,而且增加了农业生产者的收入,提升了他们的生活水平和社会地位。

第四,美国政府制定了一系列针对农村的信贷和保险服务措施。一方面,为了满足现代化农业生产的需要,美国政府制定了一系列扶持农业发展的金融政策。美国通过颁布《中间信贷法》(1923 年颁布)、《农业信贷法》等法律规范,促进了农村金融业的发展,从而有效地减少了资本不足对农业发展的限制,为美国农业发展的规模化、机械化和现代化做出了积极的贡献。"与传统农业相比,现代化农业需要的资本越来越多。"②另一方面,为了减少农业生产风险给农业生产者带来的危害,维持农民生活、生产的稳定性,美国政府制定了一系列农业保险措施。美国通过颁布《美国联邦农作物保险法》《联邦农作物保险改革法案》等法

---

① 赵凯,褚峤:《美国支持农村发展财政政策法案的演讲及其启示》,《经济研究导刊》2015 年第 15 期。
② 徐更生:《美国农业政策》,中国人民大学出版社,1991,第 222 页。

律规范,推动了农业保险业的发展,为农业生产的风险以较小的代价转移出去创造了条件。美国推行的农业保险策略,对维持农业生产的稳定性和持续性具有重要的意义。因此,美国政府制定的一系列农村信贷和保险服务措施,对保护农业生产者的生存和发展起到了积极的作用。

二、德国农民群体弱势化趋势治理的策略

从世界各国农民群体弱势化趋势治理的实际效果来看,德国农民群体弱势化趋势治理取得的成绩尤为突出,是发达国家中农民社会权益维护较好的国家之一。在德国的社会经济发展过程中,德国的政治精英不仅将建成"法治国家""经济强国"作为其奋斗的目标,而且还将建成"社会国家"作为其努力的主要方向,因此,德国成为世界上最先完成社会保险体系建构的国家。因而,系统梳理德国农民群体弱势化趋势治理策略,对完善我国农民群体弱势化趋势治理体系具有十分重要的借鉴意义。具体而言,德国农民群体弱势化趋势治理所采取的措施主要包括以下几个方面。

第一,德国非常重视农民群体的社会保险权益,并成为世界上最早将农民群体纳入社会保险体系内的国家。1883年、1884年和1889年德国相继颁布了涉及疾病、工伤、养老的三部社会保险法,标志着世界上社会保险制度的正式诞生。随后德国政府不仅进一步完善了社会保险法律体系,同时还将农业生产者纳入社会保险体系的覆盖范围之内,从而有效地解决了农业生产者面临的生存风险困扰。从实际效果来看,德国农民群体社会保险体系的完善,对解决农民群体弱势化趋势问题至少产生了两个方面的积极意义。一方面,社会保险制度作为当代社会重要的收入再分配机制,能够有效地缩小各个社会群体之间的发展差距。德国通过完善农民群体社会保险制度,成功地实现了"转移性支付",在一定程度上扭转了农民群体在初次分配中的经济收入劣势,进而缩小了社会财富初次分配产生的贫富差距。另一方面,德国的农民社会保险体系有效地化解了农民群体的生存风险,增强了他们的安全感和对未来社会的信心,为他们的发展提供了一个公平的起点。由此可见,德国农民群体社会保险权益的完善,不仅直接提升了农民的生活水平,而且增加了农民发展的机会。显然,这对改善农民群体弱势化趋势具有重要意义。

第二,德国重视农业生产者的经济利益保护,制定了一系列促进农业发展的保护措施。德国政府为了推动本国农业生产的稳定发展,德国颁布了《农业法》《改善德国农业结构和海防共同任务法》《合作社法》《农业生产适应市场需求法》等一系列法律规范,这些措施对提升农业生产者的收入水平,促进农业发展产生了积极的影响。从这些法律规范的内容来看,德国农业生产者的经济利益保护措施主要包括几个方面。首先,德国制定了许多农业生产方面的财政补贴政策。德国政府制定了包括环境补贴、种植业补贴、畜牧业补贴、休耕补贴、农业保险补贴等在内的多项补贴措施,这些措施有力地促进了德国农业的发展,也有效地提高了农业生产者的经济收入水平。其次,德国制定了促进农业基础设施改善的财政投入策略。德国政府为了促进农村社会经济的发展,通过直接财政补贴和贷款优惠两种方式改善农村的水利、道路、电力等基础设施,从而为农村社会经济发展创造了良好的外部条件。最后,德国制定了一些旨在促进农业科技发展的政策。德国政府很早就意识到科技兴农的重要性,并通过增加财政投入支持农业科研和农业技术推广,从而有效地提升了德国农业生产的效率。德国制定了一系列促进农业发展的保护措施,对增加农业生产者的经济收入产生了积极影响。

第三，德国重视农业协会组织建设，制定了一些促进农业协会发展的政策。与其他国家相比，德国农业发展呈现出高度组织化特征。德国政府通过制定相关政策措施，鼓励利益相近、彼此分散的农民组织起来，成立相应的农业协会组织。这些农业协会组织虽然不直接参与农业政策制定，但却可以更好地将农业生产者的利益诉求传达给政府和社会，从而更好地维护农业生产者的基本利益。一方面，德国的公法农业协会、私法农业协会、非法人农业协会等组织，将分散的农业生产者有效地组合起来，使之结成整体力量融入社会，这不仅有效地保护了农业生产者的经济利益，而且还提升了农业生产者的政治和社会影响力。另一方面，德国的公法农业协会、私法农业协会、非法人农业协会等组织为农业生产者谋划农业生产、农业技术创新、相互交流与合作等提供了重要的场所，这对增强农民群体的认同感和提升农民群体的社会地位具有重要的作用。由此可见，德国政府制定的一些促进农业协会发展的措施，对增强农民群体的社会和政治影响力，提升其政治和社会地位具有重要意义。

三、日本农民群体弱势化趋势治理的策略

与其他国家相比，由于人均耕地面积较少，历史上日本长期依靠粮食进口来满足生产和生活需要，这不仅加剧了日本对其他国家的依赖，而且还影响着国家的安全和社会的稳定。"从国际上看，日本的粮食自给率非常低下。"[①]在这种背景下，日本政府为摆脱粮食生产不足形成的安全隐患，制定了以一系列振兴农业和农村的发展措施，力图通过精耕细作和提升农业生产积极性来增加粮食产量，提升国家粮食的安全保障。日本政府振兴农业和农村的发展措施，不仅促进了农业生产的发展，也提升了农民群体的经济收入和社会地位，对解决农民群体弱势化趋势问题产生了积极的意义。从实际效果来看，振兴农业和农村的发展措施，不仅使日本成为工业化高度发达的国家，同时也成了一个农业现代化水平较高的国家。因此，系统梳理日本政府振兴农业和农村的发展措施，对完善我国农民群体弱势化趋势治理体系具有十分重要的借鉴意义。

第一，日本政府重视科学技术在农业发展中的作用，制定了一系列鼓励农业科研与技术推广的政策措施。一些日本社会精英意识到造成日本国家粮食安全问题的最根本原因是人多地少。基于此背景，他们认为只有通过农业科研与技术推广才可能改变这一不利的局面。"要通过新的耕作方法和管理制度来实现最优产量。"[②]从实际效果来看，日本政府制定了一系列鼓励农业科研与技术推广的政策措施，不仅提升了农业生产的效率和农民群体的生活水平，而且还提升了农民群体的文化水平和科技素质。显然，这对改变农民群体社会和经济的劣势地位，推动农民群体弱势化趋势治理具有积极意义。

第二，日本政府对农业土地改良和规模经营非常重视，制定了一系列鼓励农业土地改良和规模经营的政策措施。一方面，日本政府通过颁布《土地改良法》《农用地整备公团法》等法律规范，以及增加农业土地改良财政补贴等措施，来扩大农业土地的生产效能。日本政府制定的一系列鼓励农业土地改良的政策措施提升了土地的种植效益，增加了农民群体的经济收入。另一方面，日本政府通过颁布《农业基本法》《农地利用增进法》等法律规范鼓励土地流转与集中，从而达到扩大农户经营规模的目标。同时，政府还制定了一系列针对农业大户的补贴、低息贷款、技术培训等优惠政策，有效地提升了农业大户的生产效率，促进了日本

① 岸根卓郎：《粮食经济：未来21世纪的政策》，何鉴译，南京大学出版社，1999，第10页。
② 速水佑次郎、弗农·拉坦：《农业发展的国际分析》，郭熙保、张进铭等译，北京大学出版社，2000，第92页。

农业生产规模效益的提升。显然,日本政府制定的一系列鼓励农业土地改良和规模经营的政策措施,对提升日本农民群体的社会和经济地位具有重要意义。

第三,日本政府重视对农业生产积极性的保护,制定了一系列提升农业生产积极性的财政补贴和农业信贷服务措施。从日本农民群体经济地位的改善动因看,除了政府积极实施的科技兴农战略、土地改良运动等原因外,还得益于日本政府制定的一系列农业财政补贴和农业信贷服务措施。一方面,日本政府为了保护本国农业生产者的积极性,在制定限制农业产品进口和提高农业产品进口关税策略的基础上,还制定了内容丰富的农业财政补贴措施,从而有效地提高了国内农民群体的收入水平。"日本的各种农产品都几乎程度不同地受到政府的价格支持,其中粮管制度下的米价政策最具代表性。"①另一方面,日本政府为了解决农民生产过程中出现的资金不足困境,制定了一系列满足农民生产需要的信贷服务措施。日本政府通过颁布《产业组合法》《农业协同组合法》《农业现代化资金补助法》等法律规范,鼓励本国农村信贷服务行业的发展。经过几十年的发展,日本形成了"合作金融""制度金融"和"民间金融"三种农村信贷服务形式,有效地解决了资金不足给农民生产带来的困扰。日本农村金融信贷服务体系的完善,为日本农业生产的振兴和发展提供了强大的资金后盾。

第四,日本政府在城市发展起来后意识到农村发展的重要性,制定了一系列振兴农村发展的策略。二战结束后,为了尽快振兴本国经济,日本政府将国家资源集中用到城市的发展上。日本以城市为中心的发展模式,使日本社会经济实现了快速的复苏,但也在短期内出现了城乡之间发展的严重失衡,导致了农民群体与其他群体之间矛盾比较突出。20 世纪 80 年代初,日本政府为了消除城乡之间发展严重失衡带来的负面影响,制定了著名的"造村运动"策略。其具体内容主要是:一方面,用城乡协调发展理念替代以城市为中心的发展理念,以实现城乡之间在社会、经济、文化等方面的协调发展;另一方面,通过加大政府的扶持力度来改变农民群体的生存和生活状态。在这一过程中,日本政府不但通过加大财政投入、提高公共服务供给水平等方式改变了日本农村社会经济发展的外部环境,而且还通过向农村输入文化、教育、技术等方式,改变了农民群体的精神状态和文化素质。从实际效果来看,日本政府制定的振兴农村发展策略,有效地解决了城乡之间发展的失衡问题,缩小了农民群体与其他群体之间的发展差距。

第二节　域外典型发展中国家农民
群体弱势化趋势治理的策略

改革开放以来,我国社会经济建设取得巨大成就,但从社会经济发展的整体情况来看,我国依然是世界上最大的发展中国家。显而易见,对现代化进程、发展程度、发展问题等相近性和相似性的其他发展中国家所选择的农民群体弱势化趋势治理策略进行对比分析,对构建我国农民群体弱势化趋势治理策略体系具有重要的启发意义和参考价值。从人口规模、发展程度、国土面积、国际影响力等因素出发,本书选择了发展中国家中规模较大的巴西和印度作为对象,具体分析两个国家农民群体弱势化趋势治理的策略,以期获得有价值的经

---

① 王恩胡:《中国转型期农民收入问题研究——基于二元经济社会结构的视角》,博士学位论文,西北农林科技大学经济管理系,第 106 页。

验启示。

一、巴西农民群体弱势化趋势治理的策略

巴西是南美洲最大的发展中国家,也是在世界上政治影响力较大的发展中国家之一。与中国一样,巴西是一个人口较多、国土面积较大、经济增长速度较快的后起工业化国家,同时,与中国一样,巴西在实现社会经济快速发展的同时,也没有协调好社会群体之间、城乡之间的平衡发展问题,巴西成为世界上社会财富分配极不公正的大国之一。随着社会经济转型的不断加速,巴西社会财富分配不公正问题,尤其是城乡之间发展失衡引起的农民群体弱势化趋势问题逐渐成为制约巴西社会经济持续发展的重要阻碍。显然,系统考察巴西农民群体弱势化趋势问题及治理策略,对我国农民群体弱势化趋势治理实践具有重要的理论和实践价值。

纵观巴西社会经济发展的历程,巴西在实现快速工业化的同时,农民群体呈现弱势化趋势的主要原因有几个方面。一是巴西在推动社会经济发展的过程中,没有妥善处理好公平与效率之间的关系问题。20世纪50年代后,巴西精英群体意识到效率的重要意义,并将其视为赶超西方发达国家的重要手段,从而忽略了社会经济发展过程中坚守公平的重要性,导致巴西社会经济发展中公平与效率之间的关系长期失衡。在效率优先的战略发展思想指导下,经济增长速度就成了政府追求的唯一目标,社会经济发展不平衡问题则完全被抛之脑后,农民群体弱势化趋势问题不断加剧。二是巴西在推动社会经济发展的过程中,没有妥善协调好城乡之间的发展关系。巴西为了更快地实现国家的工业化,将更多的资源用到了城市和工业的发展上,忽视了农村发展的重要性,从而导致城乡之间的发展差距不断扩大。政府对农村发展的长期忽视,不仅导致了农村社会经济发展缓慢,而且还加剧了农民群体的弱势化趋势。三是巴西在推动社会经济发展过程中,没有建立起完善的社会调剂规则和制度体系。巴西在社会经济发展过程中,没有从社会的整体利益出发,对市场初次分配中形成的贫富差距问题进行必要的调整,使大量的社会成员无法分享到国家社会经济发展带来的收益。由此可见,巴西在社会经济发展过程中,没有妥善处理好公平与效率、城市与农村、增长与共享之间的关系,导致了农民群体弱势化趋势不断加剧。

20世纪80年代,巴西农民群体弱势化问题逐渐成为制约社会经济发展的主要问题之一。在这一时期,政府也深刻的意识到解决农民群体弱势化问题的重要性,于是开始着手对农民群体弱势化趋势问题进行治理。巴西政府在借鉴西方发达国家农民群体弱势化趋势治理经验的基础上,制定了一系列改变农民群体弱势化趋势的政策措施,对缓解不断扩大的城乡发展差距发挥了积极作用。从巴西推行农民群体弱势化趋势治理的具体策略来看,其具体内容主要包括几个方面。一是巴西制定了一些保护农业生产和发展的政策。20世纪80年代以后,巴西政府认识到西方发达国家农业生产政策保护的积极意义,制定了财政补贴、粮食价格保护、农业发展金融支持等农业发展保护措施,这在一定程度上增加了农民群体的经济收入水平。二是巴西制定了一些改善农村基础设施建设方面的措施。巴西政府通过增加农村基础设施方面的财政投入来推动农村电力、水利、道路、通讯等方面的发展,这为农村社会经济发展和农民群体增收创造了良好的外部条件。三是巴西制定了一些农业科技发展策略。巴西政府在推进工业化过程中意识到农业科技对农业发展的意义,开始重视农业科技发展和农业技术推广,这在一定程度上提升了农业生产的效率,增加了农民群体的经济收入。从实际效果来看,巴西政府通过颁布农业生产保护政策、改善农村基础设施建设、推行农业科技发展战略等方式,在一定程度上缓解了农民群体弱势化趋势。但由于受宏观政策缺陷、积重难返等方面的影响,巴西农民群体弱势化趋势问题并没有从根本上发生扭转,农民群体弱势化趋势治理依然任重道远。

二、印度农民群体弱势化趋势治理的策略

印度与中国在地理位置、现代化进程、历史传统、国土面积等方面具有较多的相近和相似性。印度是世界上具有较大政治影响力的大国之一,是一个人口众多、国土面积较大、经济增长速度较快的新兴市场经济体,同时也是社会财富分配极不平衡的发展中国家之一。从现实状况来看,印度在近几十年的社会经济发展过程中,农村、农业和农民都获得了较大的发展,农民群体生活质量有了较大改善。但是,与城市发展程度相比,印度农村社会发展依然非常滞后,农村、农业和农民的发展潜力还没有得到充分开发,农民群体弱势化趋势问题非常严重。近些年,随着印度社会转型速度的加快,城乡之间发展失衡、农民群体弱势化趋势等问题逐渐成为制约印度社会经济持续健康发展的重要障碍。

纵观印度社会经济发展的历程,印度出现农民群体弱势化趋势问题的主要原因有以下几个方面。一是印度农民土地问题没有得到根本解决。印度独立后,政府虽然推行了农村土地改革,但是受种种因素制约,土地改革进行的并不彻底,大量的农民仍然没有土地,这也是印度许多农民生活贫困的重要原因。二是印度在社会经济发展过程中,没有妥善地协调好城乡之间的发展关系。印度在长期的工业化、现代化过程中,将城市视为国家发展的中心,忽略了农村和农业发展的重要性,导致城乡之间、工农之间的发展关系失衡。在一定程度上来说,印度独立后所取得的社会经济发展成绩,是以牺牲农民群体的发展利益换来的。三是印度政府长期忽视农村基础设施的改善。与其他国家相比,印度平原分布广泛、水资源丰富、日照充足,有其农业发展的良好环境条件,但由于政府长期忽视农村基础设施建设,印度农村电力、水利、道路、通信等方面供给不足,严重制约着农村社会生产力的发展。四是,印度农村社会保障、文化教育、医疗卫生等方面的供给严重不足。印度在社会经济发展过程中没有充分重视社会公平的重要性,导致印度农村社会保障、文化教育、医疗卫生等方面的供给严重不足,这不仅加剧了城乡之间的发展差距,同时也进一步弱化了农民群体的生存和发展权利。由此可见,印度在社会经济发展过程中,由于没有妥善地处理好农民群体与其他群体之间的平衡发展问题,导致了农民群体弱势化趋势不断加剧。

20世纪90年代初,印度政治精英意识到作为一个农民人口占多数的大国,如果不能解决好农民群体的弱势化趋势问题,那么,国家社会经济持续健康发展必然会受到损害。于是印度政府在借鉴西方发达国家农民群弱势化趋势治理经验的基础上,制定了一系列改变农民群体弱势化趋势的政策措施。这些政策措施在增加农民经济收入方面做出了巨大贡献,对缓解不断扩大的城乡发展差距产生了积极的意义。一是印度政府制定了农业科技振兴发展战略。为了更好地发展农业,减少农民群体中的大量贫困人口,印度政府非常重视对农业科技研究的财政投入,并建立起庞大的农业科研与技术推广体系。印度农业科研与技术推广体系的建立,不仅推动了农业生产的现代化,而且还为农产品出口和农民群体增收做出了积极的贡献。二是印度政府制定推动农村基础设施改善的策略。印度政府为了能够促进农村社会经济快速发展,加大了对农村道路、电力、通信、水利等方面的投资,农村基础设施情况有了较大改善,这为农民群体扩大生产规模和增收创收提供了有利的条件。三是印度政府制定了推动农业发展的金融支持策略。印度政府为了解决农民资金不足给农业生产发展

带来的负面影响,制定了推动农业发展的金融支持策略,大量农民可以在没有抵押或不用付息的情况下就能获得一定的资金支持。印度政府制定的农业发展金融支持策略为保持农业生产的稳定性和扩大农业生产规模创造了有利条件,为农民群体增收创收提供了机会。四是印度政府制定了推动农村社会保障制度发展的策略。印度政府通过立法的形式推动农村社会保障制度发展,有效地解决了农民群体中大量贫困人口的生存风险,有效地改善了农民群体生存和发展的社会环境。从实际效果来看,印度政府通过农业科技振兴战略、农村基础设施建设、金融支持策略、完善农村社会保障制度等方式,有效地缓解了农民群体弱势化趋势。但由于受宏观政策缺陷、积重难返等方面的影响,印度农民群体弱势化趋势问题并没有从根本上发生扭转,农民群体弱势化趋势治理依然任重道远。

第三节　域外国家农民群体弱势化趋势治理的经验启示

从域外国家农民群体弱势化趋势治理的实际效果来看,一些国家的治理效果非常好,也有一些国家的治理效果较差。因此,对域外国家农民群体弱势化趋势治理策略进行总结分析,得出经验性启示,对制定我国农民群体弱势化趋势治理策略具有积极的意义。

一、农民群体弱势化趋势治理策略的法制化

从域外国家,特别是域外发达国家农民群体弱势化趋势治理的经验来看,农民群体弱势化趋势治理,不仅关系到农民群体的生存安全和发展空间,而且还涉及国家的长治久安。域外国家为了确保农民群体弱势化趋势治理策略的有效实施,推出了一系列农民群体弱势化趋势治理的法律制度安排,从而使农民群体弱势化趋势治理变成了强制性的制度安排。从域外国家农民群体弱势化趋势治理的相关文献考察来看,域外发达国家重视农民群体弱势化趋势治理法制化的主要原因有两个方面。一方面,认为农民群体弱势化趋势治理离不开大规模资金的支撑,这将会涉及国家、个人、社会组织等主体的经济利益分配和权利义务关系,因而,只有依靠完善的法律规范,借助政府强制性权利才能完成大规模资金的调动。也就是说,如果没有完善的法律规范作为依据,农民群体弱势化趋势治理将无法获得稳定的物质基础,农民群体弱势化趋势治理目标也很难真正实现。另一方面,认为农民群体弱势化趋势治理作机制,为一种重要的社会利益调节方式,必须依据严格的法律规范行事,没有严格的法律规范,农民群体弱势化趋势治理机制就可能偏离正常的运行轨道,甚至可能沦为部分人用以谋取个人利益的工具。因此,完善的法律制度,是保证农民群体弱势化趋势治理有效实施的重要前提。

从实际效果来看,域外国家农民群体弱势化趋势治理法制化的积极意义,主要表现为以下两个方面。一方面是,完善的法律制度体系,为农民群体弱势化趋势治理的实践提供了清晰明确的行为准则。从具体的实践情况来看,完善的法律制度体系,可以确保农民群体弱势化趋势治理策略的权威性和约束力,避免农民群体弱势化趋势治理策略执行过程中出现讨价还价的现象。另一方面是,完善的法律制度体系,可以更好地规范农民群体弱势化趋势治理主体的责任与权力。也就是说,农民群体弱势化趋势治理主体,可以根据法律的规范和授权来履行自己的责任和权利,有效地保证农民群体弱势化趋势治理的稳定进行。由此可见,只有通过法制化,才能确保农民群体弱势化趋势治理的规范、有序运行。综上所述,域外国家农民群体弱势化趋势治理实践表现出来的首要经验是,只有完善农民群体弱势化趋势治

理的法律规范,才能实现农民群体弱势化趋势治理实践的稳步推进。

二、农民群体弱势化趋势治理方式的多样化

从域外国家农民群体弱势化趋势治理的实际经验来看,由于农民群体弱势化趋势形成的原因是复杂多样的,依靠单一方式很难有效地解决农民群体弱势化趋势问题,现代农民群体弱势化趋势治理方式呈现出多样化的明显特征。具体而言,农民群体弱势化趋势治理方式的多样化,主要表现在以下几个方面。一是各国农民群体弱势化趋势治理模式的多样化。从对域外国家的农民群体弱势化趋势治理的实践情况来看,由于每个国家的文化传统、经济发展程度、政治体制等不同,选择农民群体弱势化趋势治理模式时通常要充分考虑本国的国情及所处的时代。例如德国、日本在农民群体弱势化趋势治理模式的选择上更为重视政府的干预力量,而美国、巴西在农民群体弱势化趋势治理模式的选择上就比较看重市场与民间的力量。二是在同一个国家的不同地区存在着不同的农民群体弱势化趋势治理方式。对一个国家特别是一个大国来说,农民群体弱势化趋势形成的原因不仅呈现出复杂多样性特征,而且还呈现出区域性的特点。因此,域外国家在农民群体弱势化趋势治理的实践中,通常都会结合区域特点"因地制宜"的选择治理方式,以期达到最佳的治理效果。三是农民群体弱势化趋势治理项目的多样化。从域外国家解决农民群体弱势化趋势问题的实际情况来看,指望用一个项目来解决农民群体弱势化趋势问题是不可能实现的,项目组成的多样化成为农民群体弱势化趋势治理的一个明显特征。例如,域外国家农民群体弱势化趋势治理项目,包括扩大金融支持、增加财政补贴、推动科技推广、改善基础设施等多个方面。由此可见,域外国家农民群体弱势化趋势治理取得的成绩是多种方式共同作用的结果。

从实际效果来看,域外国家农民群体弱势化趋势治理方式多样化的积极意义主要表现为以下两个方面。一方面,农民群体弱势化趋势治理方式的多样化可以更好地满足不同环境、不同文化传统、不同发展程度等差异引起的多元化需求,更好地保证农民群体弱势化趋势治理实践的有效性。"不同时期需要不同政策的融合,应对措施的平衡也要多样化。"[1]另一方面,农民群体弱势化趋势治理方式的多样化,可以更好地将社会中的多种资源整合起来,更好地实现农民群体弱势化趋势治理设定的目标。由此可见,多样化治理方式,是有效解决农民群体弱势化趋势问题的最重要途径。鉴于域外国家农民群体弱势化趋势治理方式的多样化经验,我们在制定本国农民群体弱势化趋势治理策略时,亦不能单纯地照搬其他国家已有的治理方式,而是要在结合本国国情的基础上,积极探索适合我国社会经济发展实际需要的治理结构方式。

三、农民群体弱势化趋势治理实践的社会化

从域外国家农民群体弱势化趋势治理的实际经验来看,农民群体弱势化趋势治理不只是农民群体和政府两者之间的事情,而是全体社会成员共同的事情。农民群体弱势化趋势治理的效果不仅关系到农民群体的生存和发展状况,而且还影响着整个社会经济的持续健康发展,甚至国家的长治久安。因此,域外许多国家将解决农民群体弱势化趋势问题,视为全体社会成员的共同责任。一些国家鼓励本国所有社会成员、组织等主动参与农民群体弱

---

① 鲍勃·杰索普、程浩:《治理与元治理:必要的反思性、必要的多样性和必要的反讽性》,《国外理论动态》2015年第5期。

势化趋势治理的实践,包括资金捐献、参与农村基础设施建设、监督农民群体弱势化趋势治理的实施等,农民群体弱势化趋势治理不再单纯是农民群体和政府之间的事情。这种做法使农民群体弱势化趋势治理的实践具有了更加坚实的社会、经济基础,从而为其他国家农民群体弱势化趋势治理提供了宝贵经验。当然,追求农民群体弱势化趋势治理实践的社会化,也要根据各国的具体国情而定,一般而言,发达国家的社会化程度较高,追求农民群体弱势化趋势治理实践的高度社会化能够取得较好的效果,而发展中国家的社会化程度比较低,如果过度地追求农民群体弱势化趋势治理实践的社会化,可能会适得其反,无法达到设定的目标。显然,追求农民群体弱势化趋势治理实践的社会化,要以一定的社会化发展程度为基础。

从域外国家农民群体弱势化趋势治理实践的社会化情况来看,其重点主要体现在下几个方面。一是农民群体弱势化趋势治理措施的开放性。虽然,农民群体弱势化趋势治理措施以相应的法规强制性为依据,但是这些措施通常是在向公众开放的情况下制定的,并接受公众的监督。二是农民群体弱势化趋势治理资金来源的社会性。一般情况下,农民群体弱势化趋势治理的物质基础来源于国家财政投入、社会募集资金、个人企业投资等多个方面,这充分体现了农民群体弱势化趋势治理资金来源的社会性特色。三是农民群体弱势化趋势治理项目的社会性。农民群体弱势化趋势治理的过程,实质上也是为农民群体提供社会服务和经济援助项目的过程,在政府的强制性主导下,这些社会服务和经济援助项目需要依赖各个社会组织、企业、部门等来完成,这充分体现了农民群体弱势化趋势治理项目的社会性特点。四是农民群体弱势化趋势治理过程监督的社会化。在当代社会,一国农民群体弱势化趋势治理,成为全体社会成员共同的事情,每个社会成员在这一过程中都充当着监督者的角色,这是农民群体弱势化趋势治理过程监督社会化的一个方面。由此可见,农民群体弱势化趋势治理实践的社会化,是合理分担相关治理责任,提升农民群体弱势化趋势治理效果的重要方法。

四、农民群体弱势化趋势治理责任的明确化

从域外国家的实际经验来看,虽然农民群体弱势化趋势治理是全体社会成员的事情,但是作为农民群体弱势化趋势治理的主导者,政府无疑担负着重大的责任。从域外国家农民群体弱势化趋势治理实践的历史演变来看,政府承担的责任逐渐明确化,具体包括以下几个方面。一是农民群体弱势化趋势治理实践的财政责任。从世界范围来看,财政资金是各国农民群体弱势化趋势治理资金的主要来源渠道,政府对农民群体弱势化趋势治理的态度往往通过财政拨款来体现,同时,也是政府履行农民群体弱势化趋势治理责任的具体体现。因而,在农民群体弱势化趋势治理的过程中,明确财政责任也就是明确政府责任。二是农民群体弱势化趋势治理实践的监督管理责任。政府对农民群体弱势化趋势治理实践承担的监督管理责任,是政府作为农民群体弱势化趋势治理主导者的内在要求,也是确保农民群体弱势化趋势治理实践顺利开展的重要保证。三是农民群体弱势化趋势治理实践的立法责任。从域外国家农民群体弱势化趋势治理的实际经验来看,完善的法律规范体系是实现各国农民群体弱势化趋势治理实践顺利开展的普遍规律,而一般情况下,政府又是推动法律规范体系完善的重要主体,因此,政府不断完善法律规范体系,也是其主导农民群体弱势化趋势治理责任的体现。四是农民群体弱势化趋势治理实践的调控责任。从域外国家的实际经验来看,在农民群体弱势化趋势治理实践的过程中,政府还承担着宏观调控的责任,主要包括制

定具体的治理规划、调动各种治理资源等。由此可见,责任的明确化是实现农民群体弱势化趋势治理目标的关键。

通过对域外国家农民群体弱势化趋势治理实践考察,我们可以发现,农民群体弱势化趋势治理是一个复杂的过程,在其实践过程中不仅会涉及大规模的资金调动,而且还涉及复杂的立法、监督管理、宏观调控等工作,显然,如果缺乏明确的责任主体,农民群体弱势化趋势治理将无法达到理想的效果。从本质上讲,农民群体弱势化趋势治理,是政府或政党为达到一定目的对社会经济施加的干预活动,这一目标包括政治统治的延续、社会的稳定、经济的发展等。显然,我们可以把农民群体弱势化趋势治理理解为一个政治行动过程,它的目标往往是政府或政党所追求的目标。因而,在农民群体弱势化趋势治理的决策和实施过程中,政府无疑将担负起相应的立法、管理、监督、财政等责任。

第六章 中国农民群体弱势化趋势治理的策略思考

在总结域外其他国家农民群体弱势化趋势治理经验的基础上,本书结合中国具体国情认为:一方面,农民群体弱势化趋势是社会不公正的典型表现,它对社会和谐稳定与经济的持续发展有着十分不利的影响,尤其随着社会经济改革的不断深入,农民群体的弱势化状态将激起严重的社会矛盾;另一方面,农民群体弱势化趋势治理涉及社会的方方面面,其过程是复杂且具体的。如果不能对农民群体弱势化趋势治理的相关策略有一个清晰的把握,那么农民群体弱势化趋势治理实践不可能成功,农民群体弱势化趋势治理的目标和任务也无法实现。鉴于此,要保证农民群体弱势化趋势治理取得较好的效果,必须明确农民群体弱势化趋势治理的指导理念、确立农民群体弱势化趋势治理的政府责任、完善农民群体弱势化趋势治理的方式措施和重视农民群体弱势化趋势治理环节的管理。

第一节 明确农民群体弱势化趋势治理的指导理念

在农民群体弱势化趋势治理过程中,指导理念的选择是否科学是评价农民群体弱势化趋势治理策略优劣的关键性因素,而治理策略的优劣往往又决定着农民群体弱势化趋势治理实践效果的好坏。显然,科学正确的农民群体弱势化趋势治理指导理念是确保农民群体弱势化趋势治理有效推进的重要前提。纵观世界各国农民群体弱势化趋势治理实践的历史演变,我们可发现,秉持社会公平、坚守社会正义、发扬社会共享等理念是推动农民群体弱势化趋势治理最基本的价值理念,同时也是世界各国农民群体弱势化趋势治理实践积累下的最重要经验。

一、秉持社会公平理念

社会公平是农民群体弱势化趋势治理的本质要求和重要基石。农民群体弱势化趋势治理过程中的社会公平是指平等地对待每一个社会成员在生存和发展方面的合理诉求,为每个社会成员创造一个公平的生存和发展起点,核心是通过农民群体弱势化趋势治理实践,消除因出身、区域等差异造成的社会各群体之间生存和发展权利的不平等。从域外国家农民群体弱势化趋势治理的实践经验来看,秉持社会公平理念不仅可以有效缩小社会各群体之间的发展差距,而且还能从源头上减缓农民群体弱势化趋势,让所有人在农民群体弱势化趋势治理中,既能享受到生存和发展的起点公平,又能享受到社会财富再次分配带来的结果公平。因此,社会公平是当代农民群体弱势化趋势治理实践的价值取向,是农民群体弱势化趋势治理策略、措施制定的基本依据。

在我国农民群体弱势化趋势治理的实践过程中,秉承社会公平理念,对解决我国日益严峻的农民群体弱势化趋势问题具有重要的意义。第一,只有秉持社会公平理念,才能制定出最有效的农民群体弱势化趋势治理策略和措施。从域外其他国家的实际经验来看,农民群体弱势化趋势治理过程本身也是一个追逐社会公平的过程,是缩小农民群体与其他群体之间不公的重要工具及手段。能否推动社会公平的实现通常成为世界各个国家评价与衡量农民群体弱势化趋势治理策略是否有效的最重要标准。因而,只有秉承社会公平理念,才能制定出最有效的农民群体弱势化趋势治理策略和措施。第二,只有秉持社会公平理念,才能设计出最优的农民群体弱势化趋势治理技术路线。应该看到的是,一个主要目标和任务的达成,离不开一套合理的技术方案,而一套最优技术方案的产生又离不开科学理念的规范和引导。显然,从我国农民群体弱势化趋势治理的整体战略目标来看,农民群体弱势化趋势治理技术方案的设计和选择,必须要以社会公平理念为依据,否则,将不利于战略目标的实现。第三,只有秉持社会公平理念,农民群体弱势化趋势治理才能取得较好的效果。在社会公平价值理念指导下,制定的农民群体弱势化趋势治理策略及技术方案能够实现社会成员之间的互惠互利,更好地获得社会成员的认可,进而减少农民群体弱势化趋势治理实践的阻力,获得更好的治理效果。

总而言之,本书认为依据社会公平理念要求,目前我国在农民群体弱势化趋势治理过程中至少要认真解决好两个方面的问题。一方面,农民群体弱势化趋势治理实践,必须要解决好农民群体的生存问题。即要通过农民群体弱势化趋势治理彻底消除农民的绝对贫困问题,保证绝对贫困人员能够持续地获得维持基本生存需要的物质资料,维护好农民群体的生存权利;另一方面,农民群体弱势化趋势治理实践,必须要解决好农民群体的发展问题。即通过农民群体弱势化趋势治理,逐渐缩小城乡之间公共资源、公共服务等方面的供给差距,打破城乡"二元结构"制度设置给农民群体发展造成的限制,进而为农民群体的发展提供一个公平的机会,维护好农民群体的发展权利。反之,如果在农民群体弱势化趋势治理过程中不能解决好农民群体的生存和发展问题,那么农民群体弱势化趋势治理就会偏离社会公平这一核心价值理念。

二、坚守社会正义理念

从人类历史的发展规律来看,正义是人类社会发展过程中必须坚守的底线,其具体内涵也将会随着时代的发展而发展。虽然说,在人类社会发展的历史过程中出现了许多的非正义现象或问题,但这并没有丝毫影响人们对正义的渴望,特别是在当今社会,正义已经成为多数人追求的价值目标。在一定意义上说,正是出于正义的感召,我们才如此关注农民群体弱势化趋势问题,正义已经成为推动农民群体弱势化趋势治理的重要力量。就我国而言,农民群体弱势化趋势治理的实质,就是通过解决好农民群体的生存和发展问题,使中国成为正义程度较高的社会。"如同真理是思想体系的首要价值,公平正义是社会主义制度国家的首要价值。"①就域外其他国家而言,多数国家在农民群体弱势化趋势治理实践中,用法律的形式来规范农民群体的生存和发展权利,通过法律的程序来保证农民群体弱势化趋势治理的正义。因而,农民群体弱势化趋势治理实践作为我国社会主义制度实践的重要构成部分,应该坚守好社会正义理念,不断将中国特色社会主义正义大业推向前进。

从实践结果来看,农民群体弱势化趋势治理在很大程度上缩小了农民群体与其他社会群体之间的发展差距,为农民群体的生存安全和自主发展提供了重要保证,在一定程度上消除了农民群体面临的生存恐惧和发展危机,在底线意义上维护了社会的公平和正义。例如,

---

① 余成跃:《转型期中国社会公正问题研究》,复旦大学出版社,2013,第168页。

农业补贴、农村最低社会保障、农村义务教育等,无一不是基于社会正义理念而提出的农民群体弱势化趋势治理措施。也就是说,农民群体弱势化趋势治理机制,本身就具有促进社会正义的功能。因此,当代农民群体弱势化趋势治理实践已经不再是简单的城乡之间社会财富再分配机制,而是符合正义原则的社会文明制度建设,是当代社会文明发展的重要体现。

总而言之,本书认为依据社会正义理念要求,目前我国在农民群体弱势化趋势治理的过程中,至少要认真解决好两个方面的问题。一方面,农民群体弱势化趋势治理实践,要维护农民群体的生命安全。从根本上保证农民群体的生命安全,是农民群体弱势化趋势治理的首要任务,也是坚守社会正义理念最为初级的、基础性的体现。在农民群体弱势化趋势治理的实践过程中,如果出现有些农民的生命安全无法获得保障,那么,就意味着我们没有坚守住社会正义的生存权利底线。另一方面是,农民群体弱势化趋势治理实践,要维护农民群体的基本尊严。也就是说,在农民群体弱势化趋势治理的实践过程中,我们要体现出对农民群体尊严的重视。"每位公民的尊严都应获得应有的重视,每位公民的基本权利都应得到同样的尊重。"[①]一个文明正义的社会不仅要满足社会成员的基本生存权利需求,而且还应该满足每个社会成员的基本精神权利需求。因而,在农民群体弱势化趋势治理的实践过程中,如果出现部分农民基本尊严受侵犯的现象,那么就意味着我们没有坚守住社会正义的精神权利底线。

三、发扬社会共享理念

从人类社会发展的基本规律来看,社会公平与正义的实现,需要通过社会经济发展成果的共享机制来实现。"只有以社会成员共享社会发展成果为基本目标取向的发展,才能确保发展具有正向的积极意义,才能促成与维护社会公正。"[②]显然,在农民群体弱势化趋势治理实践中,要实现社会公平和正义,就需要发扬社会共享理念。一般而言,实现社会经济发展成果共享既是农民群体弱势化趋势治理实践追求的一个基本目标,也是实现农民群体弱势化趋势治理目标的基本手段。农民群体弱势化趋势治理实践追求的社会经济发展成果共享是指,在不断提升农民群体弱势化趋势治理水平的基础上,使农民群体的生存和发展水平逐渐向城市看齐,实现农民群体与其他社会各个群体之间协调发展。

从国内外农民群体弱势化趋势治理的实践经验来看,农民群体弱势化趋势治理追求的社会共享不仅表现在农民群体弱势化趋势治理策略和结果的共享上,而且还表现为农民群体弱势化趋势治理社会共享的公平指向上。事实上,有了共享性的农民群体弱势化趋势治理策略和措施,并不能保证这种策略和措施的公正性,有些农民群体弱势化趋势治理措施仅仅是一种形式上的共享,实质上并不能有效地保证好农民群体的生存和发展权利。有时即使农民群体通过农民群体弱势化趋势治理分享到社会经济发展成果,但也许仅仅获得了极小一部分利益,并未真正实现社会经济发展成果共享的公平性。例如,我国很早就提出了城乡一体化发展战略,并制定了实现这一战略目标的政策措施,但从实际效果来看并不理想,其最重要的原因就是在这一过程中我们重视形式上的共享,而忽视了实质上的共享。因此,农民群体弱势化趋势治理追求的社会共享理念,不仅是形式上的社会经济发展成果共享,而且还是实质上的社会经济发展成果共享,即追求合理的分享社会经济发展成果。

---

① 卢成会、吴丽丽:《社会养老保险制度去身份化改革的价值基础》,《财经问题研究》2016 年第 8 期。
② 吴忠民:《走向公正的中国社会》,山东人民出版社,2008,第 56 页。

综上所述,依据社会共享理念要求,目前我国在农民群体弱势化趋势治理的过程中,至少要解决好两个方面的问题。一方面,农民群体弱势化趋势治理实践要消除制约农民群体生存和发展的制度性、体制性障碍,逐步缩小直至消灭农民群体与其他群体之间在生存和发展权利方面的不平等。目前,传统城乡二元结构形成的制度、体制壁垒,依然是阻碍农民群体合理流动及生存发展的主要因素。"农民工所受到的社会排斥来自城镇,特别是就职于城镇的社会管理者、政策制定者,以及过时的制度的惯性。"①显然,这不仅加剧了城乡之间的发展差距,也违背了社会共享的基本理念。因而,对于农民群体弱势化趋势治理实践来说,当务之急就是要打破城乡之间的制度、体制壁垒。另一方面,农民群体弱势化趋势治理实践,要解决好城乡之间公共资源、公共服务等配置方面的失衡问题,逐步缩小直至消灭农民群体生存和发展起点的不公平。目前,与城市各个社会群体相比,我国农民群体公共资源、公共服务等方面的供给,在"质"和"量"两个方面都比较低。显然,这不仅扩大了城乡之间的发展差距,还抑制了农民群体的生存和发展机会。因而,对于农民群体弱势化趋势治理实践来说,另一个重要任务是解决好城乡之间公共资源、公共服务等配置方面的失衡问题。

第二节 确立农民群体弱势化趋势治理的政府责任

通过对域外其他国家农民群体弱势化趋势治理的实践考察,我们可以发现一个重要规律,农民群体弱势化趋势治理是一个复杂的过程,如果缺乏明确的责任主体,那么农民群体弱势化趋势治理将无法达到理想的效果。这个明确的责任主体就是政府,也就是说,在农民群体弱势化趋势治理的决策和实施过程中,只有政府担负起相应的立法、管理、监督、财政等责任,才能保证农民群体弱势化趋势治理顺利推进。显然,这一普遍规律对于中国来说也同样适用。因而,确立农民群体弱势化趋势治理的政府责任,是有效解决我国农民群体弱势化趋势问题的前提。

一、强化政府的立法责任

域外其他国家为了确保农民群体弱势化趋势治理策略的有效实施,颁布了一系列农民群体弱势化趋势治理的法律制度规范,使农民群体弱势化趋势治理变成了强制性的制度安排。特别是在发达国家,农民群体弱势化趋势治理已经不是单纯的社会收入再分配制度,而是国家为达到某些目标而实施的一种法定的社会制度。从域外其他国家的具体实践经验来看,推动农民群体弱势化趋势治理法制化,至少具有两个方面的积极意义。一方面,完善的农民群体弱势化趋势治理法律体系可以明确地规范农民群体和政府之间的权利义务关系,从而有效维护农民群体的生存和发展权利。另一方面,完善的农民群体弱势化趋势治理法律体系,可以更好地规范和引导农民群体弱势化趋势治理实践,从而确保农民群体弱势化趋势治理事业的顺利进行和健康发展。显而易见,农民群体弱势化趋势治理法制化,对解决我国日益严重的农民群体弱势化趋势问题具有重要的积极意义。然而,令人遗憾的是,我国农民群体弱势化趋势治理的立法工作还不完善,立法滞后依然是制约我国农民群体弱势化趋势治理实践的主要障碍。

为了尽快消除法制体系建设滞后给我国农民群体弱势化趋势治理实践带来的负面影

---

① 陆学艺主编《当代中国社会结构》,社会科学文献出版社,2012,第159页。

响,我们需要进一步强化政府的立法责任。一方面,通过强化政府的立法责任,完善农民群体弱势化趋势治理相关的法律制度规范,为农民群体弱势化趋势治理实践提供一个良好的法律环境。另一方面,通过强化政府的立法责任,不断完善农民群体弱势化趋势治理本身的法律制度,确保农民群体弱势化趋势治理策略能够有效实施。依据以上两个标准,政府应从以下几个方面推动农民群体弱势化趋势治理的法制化建设。一是不断提升农民群体弱势化趋势治理的立法层次。即在完成我国地区性大量立法工作的基础上,努力为全国人民代表大会立法创造条件,增强农民群体弱势化趋势治理法律规范的权威性和统一性。二是不断丰富农民群体弱势化趋势治理的法律规范,弥补现有法律规范体系的不足,通过强化立法使农民群体弱势化趋势治理实践的各项工作都能够找到准确的法律依据。三是不断完善农民群体弱势化趋势治理法制化的监督机制。在农民群体弱势化趋势治理实践中,做到有法必依,严格按照相关法律规范开展农民群体弱势化趋势的治理工作。

二、增加政府的财政责任

从世界范围来看,财政资金是各国农民群体弱势化趋势治理资金的主要来源,政府对农民群体弱势化趋势治理的态度往往通过财政拨款来体现,也是政府履行农民群体弱势化趋势治理责任的具体体现。因而,在农民群体弱势化趋势治理的过程中,落实财政责任是明确政府责任的关键环节。通过历史考察我们不难发现,新中国成立后的很长一段时期内,在有限的国家财政实力的约束下,中国实行的是通过减少农村和农民群体的财政投入重点解决城市社会经济发展的制约因素。近些年,虽然我国政府增加了对农民群体生存和发展的财政投入,农民群体的生存和发展环境也有了一定程度的改善,但是受传统二元社会经济结构模式的影响,农民群体生存和发展环境的改善依然是在国家谋取城市发展主旨的前提下进行的,国家财政优先支持城市发展的模式并没有彻底改变。"一方面,国家在保障基本民生方面的公共投入的比例较 10 年前有所提高,但仍处于世界中下水平。另一方面,不合理的公共投入比重还较大,虽然行政成本近年来大大降低,但与民生基本需求相矛盾的公共支出仍然存在,例如在不发达地区兴建豪华工程,在落后地区修建'长安街标准'马路等。"因此,在中国现阶段,不断增加政府的财政责任,提升政府在农民群体生存和发展方面的财政投入,是持续推进我国农民群体弱势化趋势治理实践不断向前的关键步骤。

在财政责任的承担方面,针对目前我国农民群体生存和发展财政投入不足的现实,在农民群体弱势化趋势治理的实践过程中,我们应从以下几个方面对政府应该履行的财政责任进行规范。第一,要明晰国家财政在农民群体弱势化趋势治理实践中的供款责任。在农民群体弱势化趋势治理实践中,国家财政要承担完全的责任,政府应当利用财政资金支持农民群体弱势化趋势治理实践,提升农民群体弱势化趋势治理水平。第二,明确划分中央政府和地方政府在农民群体弱势化趋势治理实践中的财政责任。一般而言,农民群体弱势化趋势治理在本质上属于国家责任,中央政府应当承担起农民群体弱势化趋势治理的主导责任,但是由于我国区域之间发展不平衡、中央和地方分税制等因素影响,地方政府也应当对农民群体弱势化趋势治理事务负有一定的财政责任。因此,为保证农民群体弱势化趋势治理实践物质基础的稳定性,应明确划分中央政府和地方政府在农民群体弱势化趋势治理实践中的财政责任。第三,尽量提升国家财政对农民群体弱势化趋势治理实践承担供款的责任比例。在国家法律、法规等制度规范允许下,尽量将各级政府承担的财政责任提升到适合的比例,促进农民群体弱势化趋势治理实践合理推进。

三、加大政府的监管责任

从域外其他国家农民群体弱势化趋势治理实践的经验来看,监管责任是政府作为农民群体弱势化趋势治理主导者的内在要求,也是确保农民群体弱势化趋势治理工作顺利推进的重要保证。政府对农民群体弱势化趋势治理实践监管的目标是确保农民群体弱势化趋势治理的各项策略及措施获得有效的执行,包括对农民群体弱势化趋势治理各项业务的监管、资金使用监管等。建立完善的农民群体弱势化趋势治理实践监管体系,至少具有两个方面的重要意义。一方面,完善的监管体系可以及时纠正农民群体弱势化趋势治理实践中出现的失误行为,保证农民群体弱势化趋势治理策略和措施更加有效实施;另一方面,完善的监管体系可以预防农民群体弱势化趋势治理资金被贪污、浪费及违规使用,更好地保证农民群体弱势化趋势治理实践物质基础的安全性。因而,在农民群体弱势化趋势治理的过程中,加大政府的监管责任是确保农民群体弱势化趋势治理实践活动高效运行的重要保证。

从目前我国农民群体弱势化趋势治理的实践情况来看,政府监管责任的严重缺失不仅导致农民群体弱势化趋势治理策略及措施的执行力不足,而且还出现大量的挪用、贪污、侵占农民群体弱势化趋势治理资金的现象,这给农民群体弱势化趋势治理实践带来了严重的负面影响。从现实情况来看,政府监管责任的严重缺失主要表现在三个方面。第一,农民群体弱势化趋势治理监管的法律制度建设不足。由于我国监管的法律制度建设不足,导致我国农民群体弱势化趋势治理实践监管的权威性严重不足,农民群体弱势化趋势治理实践监管的效果较差。第二,农民群体弱势化趋势治理监管机构建设滞后。由于我国各地监管机构建设滞后,使政府对农民群体弱势化趋势治理监管的力度不够,进而导致农民群体弱势化趋势治理实践中的不规范现象较为突出。第三,农民群体弱势化趋势治理监管者的业务能力不足。由于监管者的日常业务能力较弱,不能及时有效地发现农民群体弱势化趋势治理实践中存在的问题,导致农民群体弱势化趋势治理监管的精准性不够。

针对目前我国农民群体弱势化趋势治理的政府监管责任不足,我们应从以下几个方面来进一步加强政府的监管责任。第一,加强农民群体弱势化趋势治理监管的立法工作。政府应该从公众利益代言人的角度出发,推进农民群体弱势化趋势治理监管的相关立法工作,为建立统一、权威的农民群体弱势化趋势治理监管机构提供充分的法律支撑。第二,建立一个强有力和独立的农民群体弱势化趋势治理监管机构。通过加强农民群体弱势化趋势治理的监管机构建设,实现对农民群体弱势化趋势治理实践情况的全面监督,消除农民群体弱势化趋势治理实践过程中出现的违法和违规现象。第三,加强农民群体弱势化趋势治理监管者的业务能力建设。通过对相关监管者进行审计、精算、评估等方面的专业业务培训,不断提升他们的监管能力和水平,确保农民群体弱势化趋势治理监管的精准性。

四、完成精准扶贫攻坚责任

自精准扶贫工作以来,我国精准扶贫实践取得明显成效,也在很大程度上改善了我国农民群体弱势化问题。然而,在当前我国精准扶贫实践取得较大成就的同时,我们也应注意到我国农村仍有大量的贫困人口。他们的存在严重制约着我国社会经济的持续健康发展,也妨碍着全面建设小康社会目标的实现。"'小康不小康,关键看老乡',关键在贫困的老乡能不能脱贫。让农村贫困人口如期脱贫是最终判断我国是否建成全面小康社会的重要标志。"①如何才能按步骤逐渐实现农村贫困人口脱贫？这是非常复杂的系统工程,涉及社会、经济、政治等多个方面,在这一个过程中如果失去政府的主导作用,精准扶贫攻坚任务将不可能取得胜利,全面建成小康社会也就难以完成。脱贫攻坚作为保障农民生存权利的一项重要战略安排,应当成为各级政府的重大使命。在现阶段乃至未来很长一段时期内,政府对精准扶贫还需要给予更多物力、人力、政策等方面的支持,同时也要落实好脱贫攻坚战各个主体之间的责任,充分调动各方的积极性和资源,加快完成精准扶贫攻坚工作。因此,打赢脱贫攻坚战,尽快全面实现小康社会,已然是我国各级政府今后几年需要努力实现的重要任务。

作者认为,要完成农村贫困人口的脱贫攻坚任务,解决农民群体弱势化趋势问题,各级政府特别是基层政府还是要重点做好"精准度"方面的工作。一是在农村脱贫攻坚过程中要做到精准识别。政府通过精准识别,把农村所有贫困人口纳入扶贫体系中来,确保每一个贫困户不被遗漏,扎实有序开展扶贫对象建档立卡工作,清晰地记录每个贫困户致贫的原因,为政府精准施策奠定基础。二是在农村脱贫攻坚过程中要做到精准施策。各级政府在脱贫攻坚各项政策、方法、措施等制定过程中,要做到因地制宜,确保帮扶政策、方法、措施"接地气",从而保证政府每一项精准扶贫策略都具有较强的可行性。例如,可以在山清水秀的农村搞乡村旅游,也可在一些农村搞土地流转发展规模种植等。特别是要发挥好扶贫专项资金的杠杆作用,推动农村经济快速发展。三是在农村脱贫攻坚过程中要做到精准帮扶。各级政府应在认证分析和研究每个贫困户致贫原因的基础上,结合每个贫困户所呈现出来的特点来制定帮扶措施,确保贫困户发展意愿与精准帮扶的无缝对接。四是,在农村脱贫攻坚过程中要做到精准退出。目前,农村脱贫攻坚已经成为各级政府必须完成的政治任务,在这一过程中我们要重点防止农村贫困人口被脱贫现象的发生。在脱贫攻坚过程中我们要进一步完善贫困人口退出操作流程和验收工作,避免一些地方政府官员因急功近利而弄虚作假,影响到农村脱贫攻坚的质量。

第三节 完善农民群体弱势化趋势治理的主要措施

从域外其他国家农民群体弱势化趋势治理的实际经验来看,由于农民群体弱势化趋势形成的原因是复杂多样的,依靠单一方式很难有效地解决农民群体弱势化趋势问题,因而,在解决现代农民群体弱势化问题时也采用多样化的解决方案。具体到中国的农民群体弱势化问题,也应在尊重我国国情的基础上,积极完善农民群体弱势化趋势治理的方法措施,更加有效地解决我国日益严重的农民群体弱势化趋势问题。

一、保护农民群体发展的基本权利

从域外其他国家农民群体弱势化趋势治理的基本经验来看,保护好农民群体发展的基本权利,是解决好农民群体弱势化趋势问题的关键步骤。域外其他国家的基本经验告诉我们,保护好农民群体发展的基本权利,可以为农民群体生存和发展提供平等起点,有助于缩小农民群体与其他社会群体之间的发展差距,实现社会公正发展。"一个社会对于社会成员

---

① 雷明:《论习近平扶贫攻坚战略思想》,《党政干部参考》2018 年第 1 期。

基本权利予以有效的保护,是社会公正的底线要求。"①显然,在当代市场经济环境下,保护好农民群体发展的基本权利,对推动农民群体弱势化趋势治理实践顺利实施具有重要意义。一方面,保护好农民群体发展的基本权利,可以将农民群体的生存底线和自由发展有效结合起来,这既可以保证农民群体生存和发展的平等底线,也可以防止绝对平等主义对社会经济发展动力的损害。另一方面,保护好农民群体发展的基本权利,有助于农民群体弱势化趋势治理策略及措施落到实处,防止农民群体的利益被其他社会群体侵犯。

然而,从现实情况来看,中国农民群体弱势化趋势问题,不仅表现为农民群体经济基础的匮乏,还表现在农民群体发展的基本权利没有获得应有的保障。我国在农民群体发展的基本权利保护方面存在的不足主要表现为以下几个方面。一是农民群体社会权益保护的缺失。我国农民群体社会权益保护的缺失最主要的表现是农民群体无法享受到像城市居民一样的社会保障、优质教育、社会福利、就业照顾等政策,改变农民身份性质成为农民群体中绝大多数人梦寐以求的事情。二是农民群体政治权利保护的缺失。农民群体政治参与的深度、广度和效度都非常有限,农民群体政治的影响力及地位下降趋势明显。三是农民群体经济权利保护的缺失。我国农民群体经济权利保护的缺失,最主要表现为农民工经济权利常常受到侵犯。如,农民工无法获得与正式工人一样的经济待遇,"同工不同酬"现象十分严重,另外,农民工往往也不能获得与正式工人一样的升迁渠道。农民群体发展的基本权利保护严重不足是加剧我国农民群体弱势化趋势的重要因素。

我们认为,要想实现农民群体弱势化趋势治理的战略目标,就必须解决我国农民群体发展的基本权利保护不足问题。主要途径至少包括以下几个方面。一是政府要通过制定法律规范和增加财政投入的方式彻底解决城乡之间公共资源、公共服务等方面存在的配置失衡问题,保护好农民群体的社会发展权益。同时,国家要在加强财政投入的同时,动员社会资源投入到农村民生工程建设中,确保农民群体最基本的公共服务、公共资源等需求得到满足,从而为农民群体的生存和发展创造一个公平的起点。二是政府要通过提升农民的政治参与能力和政治参与机会解决当前农民群体政治地位较低的问题。通过不断扩大农民群体政治参与的深度、广度和效度等,进一步增强农民群体的影响力,保证农民群体的基本利益不受到其他群体的侵犯。三是保护好农民群体的经济权利。进一步完善农民群体的劳动保护制度,使得社会财富分配更加合理。在逐步打破城乡二元制度壁垒的基础上,推动劳动力资源的合理流动,使农民获得文化资源和职业晋升的机会,不断提升其经济收入分配水平。

二、提升农民群体发展的基本素质

纵观改革开放以来我国农民群体弱势化趋向问题除了受传统"城乡二元结构"模式、国家渐进式改革中出现的政策偏误等外部因素影响外,农民群体自身发展的基本素质偏低也是导致农民群体弱势化趋向的重要原因。比如,与其他群体相比,农民群体的生产技能、文化水平、独立意识、参政能力等方面整体水平偏低制约着农民群体的生存和发展水平。因此,不断提升农民群体发展的基本素质,也是解决农民群体弱势化趋势问题的重要手段。从域外国家农民群体弱势化趋势治理的基本经验来看,提升农民群体发展的基本素质对解决好农民群体弱势化趋势问题具有重要意义。首先,提升农民群体的基本素质,可以有效增强农民群体生存和发展的活力。在农民群体弱势化趋势治理实践过程中,不断提升农民群体

① 吴忠民:《走向公正的中国社会》,山东人民出版社,2008,第83页。

发展的基本素质可以激发农民群体参与社会经济生产的积极性和活力,以便获得更多增加经济收入的可能性。在一定程度上,社会成员的活动能力与其发展潜力成正比,他的发展潜力越大,实现全面发展的可能性也就越大。其次,提升农民群体发展的基本素质,可以有效地增加农民群体的生存和发展机会。从人类社会历史发展的一般规律来看,社会成员只有具备一定的能力,才能从社会经济发展中获得生存和进步的机会,社会成员能力的大小,通常制约着其获得生存和发展机会的多少。因而,提升农民群体的基本素质,对增加农民群体的生存和发展机会具有重要意义。最后,提升农民群体发展的基本素质,可以有效地拓展农民群体的生存和发展潜力。通常来说,社会成员在社会经济生产活动中,只有具备相应的文化、生产技能、政治水平等才有可能获得相应职业位置的权利。因而,提升农民群体发展的基本素质,可以有效地拓展农民群体的生存和发展潜力。由此可见,提升农民群体发展的基本素质是解决好农民群体弱势化趋势问题的重要方式。

我们认为,在现阶段提升农民群体发展的基本素质,关键要解决好以下几个方面的问题。一是强化农民群体的生产技能。从国内外社会发展经验来看,生产技能是农民群体基本素质的重要组成部分,对于农民群体中的多数人来说,拥有一定的生产技能是其维持一定收入水平和社会地位的重要前提。因而,通过职业技能培训、职业技能教育等方式强化农民群体的生产技能,不仅可以有效地提升农民群体发展的基本素质,而且可以提升农民群体的经济收入和社会地位,减缓不断加剧的农民群体弱势化趋势问题。二是提升农民群体的文化水平。从域外其他国家农民群体弱势化趋势治理的成功经验来看,农民群体的文化水平越高,就越能够适应社会经济发展的变化,其生存和发展能力也就越强。因而,大力发展农村教育事业,不断提升农民群体的文化水平,对提升农民群体的生存和发展能力,解决日益严重的农民群体弱势化趋势问题必将产生积极的意义。三是增强农民群体的参政能力。在当代社会,参政能力的强弱通常是衡量个人或群体基本权力的一个重要指标。从社会发展的基本经验来看,农民群体拥有一定的参政能力是其基本利益诉求得以满足和实现的前提条件,也是促进社会公正不断发展的重要力量。因而,不断增强农民群体的参政能力,对更好地保证农民群体的生存和发展权利具有重要的意义。

三、改善农村群体发展的外部环境

从世界各国发展的普遍规律来看,良好的外部环境是保证一个国家或地区社会经济持续健康发展的重要基础,外部环境一般包括社会环境、经济环境、人文环境和自然环境四个方面。然而,与其他群体发展的外部环境相比,除自然环境外,我国农民群体发展的社会环境、经济环境、人文环境建设较为滞后,这也是农民群体与其他社会群体之间发展差距拉大的重要因素。由此可见,优化农民群体发展的外部环境,对解决日益严重的农民群体弱势化趋势问题具有重要的意义。一方面,优化农民群体发展的外部环境是改善农民群体生存和发展条件,促进农村社会经济发展的关键举措。改革开放以来,我国城市社会经济发展取得了举世瞩目的成就,但相比之下,农村社会经济没有获得同步的发展,其中一个重要因素就是农村群体发展外部环境不足的限制;另一方面,优化农民群体发展的外部环境是缩小城乡发展差距、实现社会各个群体之间协调发展的重要前提条件。从域外其他国家农民群体弱势化趋势治理的基本经验来看,只有优化农民群体发展的外部环境,才能够充分激发农村社会经济发展活力,实现农民群体与其他群体之间的协调发展。

我们认为,在现阶段改善农村群体发展的外部环境,关键要解决好以下几个方面的问题。一是完善农民发展的社会环境。政府要保护好农民群体发展的社会保障、劳动就业、文化教育等基本权利,为农民群体生存和发展提供一个基本的平等起点,有效地缩小农民群体与其他社会群体之间的发展差距,实现社会公正发展。二是建设农民群体发展的经济环境。完善农民群体发展的电力道路、水利工程、信息化工程等基础设施建设,破除农村社会经济发展外部环境不足,农民群体生存和发展受到限制的局面,促进农民群体与其他社会群体之间的协调发展。三是营造农民群体发展的自然环境。积极贯彻习近平总书记提出的"绿水青山就是金山银山"的生态环境治理思想,修复农村自然环境,彻底避免农村出现"先污染后治理"的社会经济发展模式。在尊重自然生态发展规律的基础上,实现农村社会经济的振兴。"科学布局生产空间、生活空间、生态空间,给自然留下更多修复空间,给农业留下更多良田,给子孙后代留下天蓝、地绿、水净的美好家园。"[1]四是改变农民群体发展的人文环境。一般而言,农村人文环境建设主要包括文化环境建设和思想道德建设,它不仅是农民群体"软实力"的重要体现,同时也是保证农民群体实现长远发展的关键。所以,通过农村文化教育建设、先进模范宣传等方式手段,加快农村文化环境建设和思想道德建设,对于推动农民群体弱势化趋势治理的实践来说是一项紧迫的现实任务。

四、推动落实国家乡村振兴战略

习近平总书记在十九大报告中提出的乡村振兴战略计划,不仅为我国新时代农村社会经济的发展指明了方向,同时也为解决农民群体弱势化趋势问题提供了重要的切入点及契机。"实施乡村振兴战略,是党的十九大做出的重大决策部署,是决胜全面建成小康社会、全面建设社会主义现代化国家的重大历史任务,是新时代'三农'工作的总抓手。"乡村振兴计划是新时代我国推动农村社会经济发展的重要手段之一,其目的是通过利用较大规模的人力、物力和其他资源,在短时间内改善农村的基础设施、社会服务供给、生产生活条件等外部环境,进而推动城乡社会经济发展一体化,使农民群体从整体上彻底摆脱长期弱势化的趋势。因此,现阶段新时代乡村振兴战略应使农村人口和城市居民享有同等的发展权利和机会。作者认为乡村振兴战略至少包含了两层意思,一层是城乡居民都拥有一样的生存和发展机会,这就要求国家和政府通过财政转移,确保城乡之间社会成员都能拥有同等的发展环境,其中最为重要的是国家和政府应通过规划及空间布局,保证城乡社会成员平等的享受基本公共服务;另一层是在城乡社会成员公共服务平等共享的基础上,国家和政府应通过调整收入分配制度,尽快缩小城乡发展之间的巨大收入差距,努力让全体社会成员共享改革和发展的成果。

现阶段要保证乡村振兴战略的顺利实施,关键要解决好以下几个方面的问题。第一,不断提升政府的乡村治理能力。在大力实施乡村振兴战略过程中,要顺利实现此目标,就必须不断推动政府乡村治理的现代化,实现政府乡村治理能力的提升。作者认为提升政府的乡村治理能力,关键要解决好两个方面的问题。一方面是要不断优化政府的乡村治理体制。习近平总书记指出:"国家治理体系和治理能力是一个有机整体,相辅相成,有了好的国家治理体系才能提高治理能力,提高国家治理能力才能充分地发挥国家治理体系的效能。"[2]因

① 《习近平总书记系列重要讲话精神学习读本》编写组:《习近平总书记系列重要讲话精神学习读本》,中共方正出版社,2014,第89页。

② 习近平:《切实把思想统一到党的十八届三中全会精神上来》,《求是》2014年第1期。

而,要提升政府乡村治理的能力,应该首先关注乡村治理体系状况,反思如何优化乡村治理机构。另一方面是促进乡村治理的社会参与。国内外相关实践经验证明,良好的社会参与是推动乡村治理发展的重要动力,所谓"良好的治理是官民共治。"①因此,目前我国乡村的治理应多倾听群众的声音,尤其是农民群体的声音,并制定出相应的参与途径。第二,建立起城乡社会成员间融合发展的社会政策体系。国家应该通过建立公平的户籍管理体系、教育就业体系、社会保险体系等,消除城乡社会成员发展不均衡造成的隔阂,加快推动城乡社会成员之间的融合发展。第三,要不断增强农民群体发展的能力。农民群体弱势化趋势现象的一个重要表现就是农民群体由于受各种限制,无法合理有效地分享社会经济发展成果。因而,我国农民群体弱势化趋势治理的重点就是为农民群体创造更多的发展机会,使其能够合理有效地分享到社会经济发展成果。在这个过程中,不断增强农民群体发展的能力无疑是一种重要的路径。

第四节　重视农民群体弱势化趋势治理环节的管理

从域外其他国家农民群体弱势化趋势治理的基本经验来看,农民群体弱势化趋势治理是一个复杂的、系统的社会行动过程,其中包含了治理策略的制定、策略的实施、评价和治理策略的反馈四个环节。从农民群体弱势化趋势治理实践的情况来看,农民群体弱势化趋势治理行动能否取得成功,不仅取决于农民群体弱势化趋势治理战略目标的选择,还取决于农民群体弱势化趋势治理策略及措施能否有效实施。因此,在农民群体弱势化趋势治理的实践过程中,我们不仅要重视农民群体弱势化趋势治理战略目标的选择,而且还应重视农民群体弱势化趋势治理的每一个具体环节的管理。

一、治理策略制定环节的管理

在农民群体弱势化趋势治理策略的制定过程中,哪些问题或内容能够得到政府的重视,不是简单地由农民群体的需要和问题本身的性质来决定,而是要通过政治精英和知识精英的选择。在农民群体弱势化趋势治理的实践中,不是农民群体的所有诉求和问题都能进入政治精英和知识精英者的视野,在一些特殊时期内农民群体的某些基本诉求有可能被长期忽略。显而易见,农民群体弱势化趋势治理策略的制定,不仅会受到一定客观社会背景因素的影响,而且还会受到政治精英和知识精英态度及判断能力的影响。因此,面对复杂的客观因素,为了保证制定出来的农民群体弱势化趋势治理策略具有更好的针对性,就需要对农民群体弱势化趋势治理策略的制定环节进行管理。

所谓农民群体弱势化趋势治理策略的制定环节是指政府为了更好地满足农民群体的基本诉求或某些农民的特殊需要,在制定农民群体弱势化趋势治理策略过程中进行相关信息的收集与分析、方案的设计、方案论证、试点方案的正式确立等一系列的步骤。当然,由于各国的决策模式存在不同,农民群体弱势化趋势治理策略的制定环节也存在较大差异。并且在同一国家中,不同地区农民群体弱势化趋势治理策略的制定环节都可能有所不同。从我国的情况来看,在一般情况下农民群体弱势化趋势治理策略的制定要经历策略决议、策略方案设计、策略试点、策略审批、策略颁布与推广等几个环节。显然,依据这种划分,我国农民

---

① 俞可平:《论国家治理现代化》,社会科学文献出版社,2014,第3页。

群体弱势化趋势治理策略制定环节的管理主要包括以下几个方面。

第一,农民群体弱势化趋势治理策略论证。一般是指政府根据农民群体对各项事务诉求的重要程度进行农民群体弱势化趋势治理策略的论证。从内容来看,政府制定各项农民群体弱势化趋势治理方案一般要将农民群体急需的和比较重要的项目放在前面。同时,对农民群体急需的和比较重要的项目投入更多的资源,以集中力量解决主要矛盾。第二,农民群体弱势化趋势治理策略方案设计的管理。一般是指农民群体弱势化趋势治理策略行动的具体计划,包括治理策略行动的主要内容、资源的调动方式、实施方案等内容。在这个过程中,我们要注意解决好两个方面的问题。一方面是在农民群体弱势化趋势治理策略行动之前,我们要对该行动所要解决的主要问题充分了解;另一方面,根据农民群体弱势化趋势治理策略的目标,设计出最优的实施方案。第三,农民群体弱势化趋势治理策略的试点管理。在这一过程中,我们重点关注两个方面的问题。一方面,要综合运用各种已知因素来分析农民群体弱势化趋势治理策略方案在实践中获得成功的可能性;另一方面,要通过严密的试点工作来验证农民群体弱势化趋势治理策略的科学性,发现其存在的缺陷,以便为农民群体弱势化趋势治理策略的修改及完善奠定基础。第四,农民群体弱势化趋势治理策略的审批管理。即在完成决议、方案设计和试点工作的基础上,将农民群体弱势化趋势治理策略方案交给政治精英和知识精英进行决策的过程,它决定着农民群体弱势化趋势治理策略方案能否被确立并进入实施。在这个过程中,我们也要重点注意两个方面的问题。一方面,我们要重视审批模式、审批程序、审批人员构成等方面的管理,确保决策结果的科学性;另一方面,我们要重视各种利益主体对农民群体弱势化趋势治理策略方案审批带来的影响,确保决策结果的客观性。第五,农民群体弱势化趋势治理策略方案的颁布与推广。在这个阶段最重要的管理内容是做好宣传和解释工作,力争让农民群体弱势化趋势治理策略更好地获得大家的理解和支持。

二、治理策略实施环节的管理

从农民群体弱势化趋势治理实践的一般经验来看,当农民群体弱势化趋势治理策略确定后就进入了具体的实施环节。农民群体弱势化趋势治理策略的实施过程是一个复杂的社会行动过程,通常包括农民群体弱势化趋势治理策略实施细则的制定、资金的调动、服务方式的传递、策略的宣传等具体内容。面对这样复杂的实施过程,要保证农民群体弱势化趋势治理策略的实施效果就离不开科学有效的管理。农民群体弱势化趋势治理策略实施环节的管理是指通过颁布科学的规章制度、建立合理的组织体系、培训高素质的人员队伍等方式,使农民群体弱势化趋势治理策略得以有效实施,以便更高效地达到农民群体弱势化趋势治理战略目标的过程。重视治理策略实施环节的管理可以起到以下两方面的积极作用:一方面,重视治理策略实施环节的管理,能够保证农民群体弱势化趋势治理策略实施社会效益的最大化,最大程度实现农民群体弱势化趋势治理的预定目标,有效解决农民群体弱势化趋势问题;另一方面,重视治理策略实施环节的管理能够提升农民群体弱势化趋势治理行动本身的效率,使投入的相关资源能够获得更加有效的利用。

依据域外国家及国内实践的经验,要保证农民群体弱势化趋势治理策略实施行动的效果和效率,在农民群体弱势化趋势治理策略实施环节的管理方面,要重点处理好以下几个方面的问题。一是要优化政府相关主管部门的运行框架。一般而言,每项农民群体弱势化趋势治理策略的实施都有对应的政府主管机构。这些主管机构一般会在农民群体弱势化趋势治理策略的实施中负责资源的调配、相关部门之间的协调、策略实施规划等事务。显然,政府相关主管部门拥有一套科学的运行框架是确保农民群体弱势化趋势治理策略行动效率的重要保证。在这个过程中,我们要重点解决两个方面的问题。一方面,要重视政府相关主管部门的人力资源建设,建立一支高效、业务能力强的专业管理队伍;另一方面,要重视政府相关主管部门机构设置的合理化,避免机构设置缺陷带来的各种阻碍。二是要完善农民群体弱势化趋势治理策略实施的法律法规。在农民群体弱势化趋势治理策略实施环节的管理中,法律法规的建设重点集中在两个方面。一方面,通过完善农民群体弱势化趋势治理策略实施的相关法规,使农民群体弱势化趋势治理策略实施的每一个步骤都有法可依;另一方面,完善相关主管部门的规章制度建设,明确农民群体弱势化趋势治理策略实施的相关责任主体。三是重视对农民群体弱势化趋势治理策略实施的监督。一般而言,农民群体弱势化趋势治理策略实施是一种单向的利益给予行为,不涉及提供者与农民群体之间的利益交换。总之,在农民群体弱势化趋势治理策略的实施过程中,要通过完善的监督体系来强化农民群体的权力,防止治理相关资源的无效流失、治理策略实施者不作为等现象出现,确保农民群体弱势化趋势治理策略实施能够高效地发挥其社会效益。

三、治理策略评价环节的管理

从农民群体弱势化趋势治理实践的一般经验来看,在农民群体弱势化趋势治理的实践过程中,我们不仅要重视治理方案制定和策略实施两个环节的工作,还需重视农民群体弱势化趋势治理策略的评估工作,以便随时掌握农民群体弱势化趋势治理策略行动的进展状况及其基本效果。"人们既需要进行科学的规划和有效的执行,还需要进行信息的反馈和政策效果的评估。"[①]具体而言,对农民群体弱势化趋势治理的策略进行评价,至少具有两个方面的意义。一方面,可以随时把握农民群体弱势化趋势治理策略实施的进展情况,以便对不恰当的治理策略做出及时的调整;另一方面,通过对评价数据进行系统分析,总结农民群体弱势化趋势治理实践的经验教训,为以后的农民群体弱势化趋势治理策略的制定提供经验借鉴。因此,在农民群体弱势化趋势治理的实践中,关注农民群体弱势化趋势治理策略评价环节的管理也是农民群体弱势化趋势治理策略行动的一个重要任务。

农民群体弱势化趋势治理策略评价,是指依据一定的技术和价值标准体系,对农民群体弱势化趋势治理策略实施的情况做出客观判断的过程,通常包括农民群体弱势化趋势治理方案评价和农民群体弱势化趋势治理策略的实施及效果评价。农民群体弱势化趋势治理策略评价环节的管理应包括以下几个方面的内容。一是确立明确的评价主体。即要明确农民群体弱势化趋势治理策略评估人员的主体构成,一般包括专家学者、决策者、政策执行者、研究机构、群众等。二是确立明确的评价客体。虽然农民群体弱势化趋势治理策略是我们的评估对象,但这并不意味要对农民群体弱势化趋势治理的所有策略进行评估。农民群体弱势化趋势治理策略的评估要以有效性、必要性和可行性为前提。因此,明确评价的客体显得尤为重要。三是确立正确的评价目标。即要回答"为什么要进行评估"的问题。四是制定明确的评价标准。农民群体弱势化趋势治理策略的评估标准是指评估过程中用以判断农民群体弱势化趋势治理策略实施优劣的标准,通常由事实标准和价值标准构成。事实标准是指对农民群体弱势化趋势治理策略实施过程及其收效中各种事实的评价与分析,一般包括投

---

①　谢明:《公共政策导论》,中国人民大学出版社,2002,第 192 页。

入情况、实际收益情况、达到预期效果的程度等。价值标准是指对农民群体弱势化趋势治理实施情况进行价值判断的依据,一般包括是否符合多数农民的利益、是否坚持公平正义、是否有利于社会稳定等。五是选择科学合理的评价方法。一般而言,农民群体弱势化趋势治理策略评价是否准确往往取决于是否选择了科学合理的评价方法。从目前情况来看,农民群体弱势化趋势治理策略的评价方法多种多样,包括经验型、推理演绎型、定性分析、定量分析等方法。从众多的方法体系中选择合理的评价方法也是农民群体弱势化趋势治理策略评价环节管理的一个重要任务。

四、治理策略变动环节的管理

从农民群体弱势化趋势治理实践的一般经验来看,农民群体弱势化趋势治理策略的实施不会固定不变,而应随着社会经济发展、农民群体基本诉求等情况的变化而相应改变。从农民群体弱势化趋势治理策略的变动方式来看,一般包括修改和终止两个方面。农民群体弱势化趋势治理策略的修改,是指对农民群体弱势化趋势治理策略进行修订或改革,所谓的修订是对治理策略做局部修改或调整,而改革是对治理策略体系进行根本性改变,显然它们在程度上存在着较大的差异。农民群体弱势化趋势治理策略的终止,是指管理者根据农民群体弱势化趋势治理策略的实施状况,往往是在治理政策已经完成自己的使命或无法达到一定预期成果的情况下决定停止实施农民群体弱势化趋势治理策略的行为。"政策已经达到预期的效果,完成自己的使命,没有必要存在;还有一些政策完全背离了既定的目标,被实践证明是完全失败的、多余的或无效的,根本不能解决它所面临的政策问题,"①在这种情况下则需要重视相应策略。

农民群体弱势化趋势治理策略变动的原因主要有三个方面。第一,农民群体弱势化趋势治理策略自身的原因。具体有两个方面组成,一方面是农民群体弱势化趋势治理策略设计得不合理而导致的变动;另一方面是农民群体弱势化趋势治理策略实施的总体目标已达成或无法达成而导致的变动。第二,政府对农民群体弱势化趋势治理策略的态度。一般是指政府或政治家执政目标变化而引起的农民群体弱势化趋势治理策略的变动,这种情况在多党制国家中尤为明显。第三,公众对农民群体弱势化趋势治理策略的态度。由公众对农民群体弱势化趋势治理策略反对或支持情况的变化引起的农民群体弱势化趋势治理策略变动。依据农民群体弱势化趋势治理策略变动的特点,农民群体弱势化趋势治理策略变动环节的管理应注意处理好两个方面的问题。一方面,要完善农民群体弱势化趋势治理策略变动的规范程序。农民群体弱势化趋势治理策略的变动不仅会影响到农民群体弱势化趋势治理的实践过程,而且还涉及各个社会群体间错综复杂的利益关系,因而,农民群体弱势化趋势治理策略的变动需要有严格的规范程序作为依据。也就是说,当发现农民群体弱势化趋势治理策略实施中出现问题时,我们需要严格按照相应的规范程序进行修订或终止。"政策终结绝非一个简单的过程,需要采取有效的策略。否则,不仅达不到终结的目的,而且可能激化矛盾,引发政治危机或社会冲突。"②因而,在农民群体弱势化趋势治理策略变动环节的管理中,我们应不断完善治理策略变动的规范程序。另一方面,要控制好农民群体弱势化趋势治理策略变动中的各种风险。从一般经验来看,农民群体弱势化趋势治理策略变动会蕴

---

① 谢明:《公共政策导论》,中国人民大学出版社,2002,第201页。
② 同上书,第206页。

含一定的风险,如策略制定者不愿妥协、策略执行者不愿放弃已获得的利益、策略执行机构不愿解散组织等。这些风险因素很有可能会联合起来共同抵制策略的变动,从而给社会经济发展带来不确定的风险。"政策终结本身也需付出很高的代价。"[①]因此,在农民群体弱势化趋势治理策略变动环节的管理中,我们要努力控制好农民群体弱势化趋势治理策略变动的各种可能风险。

本书从马克思的社会公正视角出发,围绕着中国农民群体弱势化趋势治理策略问题对中国农民群体弱势化趋势治理策略的研究基础、中国农民群体弱势化趋势的现状、中国农民群体弱势化趋势的成因、中国农民群体弱势化趋势治理实践的绩效、中国农民群体弱势化趋势治理的国际经验及中国农民群体弱势化趋势治理的策略等多个方面进行了深入系统的探讨。通过以上各部分的系统论述,我们注意到,农民群体弱势化趋势问题是多数国家工业化和现代化过程中都要面临的问题,这一问题关系着一国农民群体的生存和发展权利,也影响一国经济的健康发展和社会的长治久安。中国作为马克思主义思想体系指导下的社会主义制度国家,无论在任何时期、在社会发展的任何阶段,都要将农民群体的生存和发展问题放在重要的位置,并将致力于实现人类真正意义上的社会公正作为党和政府永不懈怠的使命。

在中国农民群体弱势化趋势治理问题上,本书总结如下。

其一,在系统考察中国农民群体弱势化问题时,我们发现农民群体弱势化趋势的表现主要有以下几个方面:一是,经济基础薄弱,生存安全困扰突出。受我国"城乡二元结构"体制的影响,农民群体的经济基础比较薄弱,较大一部分农民还面临着绝对贫困和相对贫困的双重困扰,农民群体与其他群体间的收入差距呈现持续扩大的趋势。二是,社会权利缺失,发展空间严重受限。农民群体无法享受到像城市居民一样的社会保障、优质教育、社会福利、就业照顾等政策,农民社会权利严重缺失。这一局面不但加剧了城乡之间经济发展的不平衡,而且压制了农民群体的生存和发展空间,使广大农民长期处于贫困和相对贫困的状态。三是,政治地位下降,基本权益维护困难。农民群体政治地位的下降使其在法律法规、经济运行、社会财富分配等政策的制定中失去了充分参与和表达自身利益关切的机会,农民群体的基本利益诉求得不到满足。四是,文化素质偏低,发展能力不足。整体来看,农民群体文化素质偏低导致了农民群体竞争能力的弱化,如农民群体难以适应生产、生活智能化的社会现实,难以在激烈的市场竞争中站稳脚跟。农民群体文化素质整体水平偏低带来的是农民群体发展能力和竞争能力的不足。

其二,中国农民群体弱势化趋势不利于实现两个一百年奋斗目标。中国农民群体弱势化趋势最直接的负面影响有以下四方面:一是制约经济的持续健康发展。农民群体的弱势化趋势必然会造成农民群体消费动力不足,甚至出现"消费抑制"现象,最终影响国家经济水平的提升。二是影响社会的和谐稳定。随着农民群体弱势化趋势不断加剧,农民群体与其他群体之间在社会经济发展成果分配上严重失衡,农民群体与其他群体间协调合作、包容共享的关系趋于恶化,这就必然会导致农民群体与其他群体之间的矛盾和隔阂增多,最终影响社会的和谐稳定。三是农民群体弱势化趋势的存在不利于解决当前我国社会主要矛盾。矛盾运动是事物发展的动力。农民群体的弱势化趋势意味着农民群体没能获得与其他群体一样的发展机会,也意味着农民群体没有合理分享到社会发展的成果,从而抵消了社会发展的意义,抑制了社会发展的动力,社会发展的内涵也就没有实现。四是削弱了党的执政基础。

---

① 谢明:《公共政策导论》,中国人民大学出版社,2002,第206页。

若农民群体的地位长期得不到重视,农民群体不能享有和其他社会群体同等的社会发展成果,必然会动摇农民群体对党和政府的信任,最终会影响到我党的执政基础。

其三,我国农民群体弱势化趋势治理在取得较大成绩的同时也面临着诸多的困境。当前,党和政府认识到农民群体弱势化趋势治理的必要性,通过精准扶贫、产业支持、基础设施建设等方式支持农村社会经济发展,农民群体的生存和发展环境有了较大改善,农民群体弱势化趋势有所缓解,但我国城乡发展仍处于严重的不平衡状态,农民群体弱势化趋势并没有得到根本性扭转,而且还呈现出继续加重的趋向,农民群体弱势化趋势治理仍然面临着社会经济政策支持、农民群体资源储备、具体策略有效实施不足等诸多困境。

其四,域外其他国家农民群体弱势化趋势治理实践给我们带来了一些规律性的经验启示。通过比较研究,域外其他国家农民群体弱势化趋势治理实践带给我们的启示有。一是农民群体弱势化趋势治理策略的法制化。域外其他国家为了确保农民群体弱势化趋势治理策略的有效实施,颁布了一系列农民群体弱势化趋势治理的法律法规,农民群体弱势化趋势治理变成了强制性的制度安排。这不仅为农民群体弱势化趋势治理的实践提供了明确的法律规则,也更好地规范了农民群体弱势化趋势治理主体的责任与权利。二是农民群体弱势化趋势治理方式的多样化。由于农民群体弱势化趋势形成的原因是复杂多样的,依靠单一方式无法有效解决农民群体弱势化趋势问题,现代农民群体弱势化趋势治理方式变得越来越复杂。三是农民群体弱势化趋势治理实践的社会化。农民群体弱势化趋势治理不只是政府的责任,而是全体社会成员共同的事业,农民群体弱势化趋势治理应广泛发动社会成员,实现共同治理。四是农民群体弱势化趋势治理责任的明确化。从域外其他国家的实际经验来看,虽然农民群体弱势化趋势治理是全体社会成员的共同事业,但作为农民群体弱势化趋势治理的主导者,各级政府无疑担负着最重要的责任,如管理、监督、立法、财政等责任。

其五,本书从马克思社会公正立场出发,以我国农民群体弱势化趋势治理策略为研究对象,提出了完善我国农民群体弱势化趋势治理策略的四点建议。一是明确农民群体弱势化趋势治理的指导理念。本书认为秉持社会公平、坚守社会正义、发扬社会共享等理念是推动农民群体弱势化趋势治理最基本的价值理念,同时也是世界各国农民群体弱势化趋势治理实践积累的最重要经验。二是确立农民群体弱势化趋势治理的政府责任。在农民群体弱势化趋势治理的决策和实施过程中,只有政府担负起相应的立法、管理、监督、财政等责任,才能保证农民群体弱势化趋势治理的顺利推进。三是进一步完善农民群体弱势化趋势治理的方法措施。可通过保护农民群体发展的基本权利、提升农民群体发展的基本素质、改善农村群体发展的外部环境、积极推进乡村振兴等方式有效地解决我国日益严重的农民群体弱势化趋势问题。四是重视农民群体弱势化趋势治理环节的管理。农民群体弱势化趋势治理是一个复杂的、系统的社会行动过程,其中包含了治理策略的制定、实施、评价和治理结果的反馈等环节,保证每个环节科学有效运行是推动我国农民群体弱势化趋势治理实践顺利进行的重要保证。

综上所述,为实现两个一百年奋斗目标,实现中华民族伟大复兴的中国梦,我们需要深切关注农民群体的生存和发展问题,不断改善农民群体的政治、经济、文化和社会发展中的地位,真正实现全民共享发展成果,全民共享改革红利。

参 考 文 献

[1] 中共中央马克思恩格斯列宁斯大林著作编译局.马克思恩格斯全集:第1-50卷[M].北京:人民出版社,2006.

[2] 中共中央马克思恩格斯列宁斯大林著作编译局.资本论[M].北京:人民出版社,2018.

[3] 中共中央马克思恩格斯列宁斯大林著作编译局.列宁选集:第1-4卷[M].北京:人民出版社,2012.

[4] 习近平.习近平关于"三农"工作论述摘编[M].北京:中央文献出版社,2019.

[5] 习近平.摆脱贫困[M].福州:福建人民出版社,2014.

[6] 习近平.习近平谈治国理政[M].北京:外文出版社,2016.

[7] 习近平.习近平谈治国理政:第2卷[M].北京:外文出版社,2017.

[8] 胡适.中国哲学史大纲[M].北京:民主与建设出版社,2017.

[9] 费孝通.乡土中国·乡土重建[M].北京:群言出版社,2016.

[10] 梁漱溟.乡村建设理论[M].2版.上海:上海人民出版社,2011.

[11] 韩长赋.中国农民工的发展与终结[M].北京:中国人民大学出版社,2007.

[12] 孙学玉,等.当代中国民生问题研究[M].北京:人民出版社,2010.

[13] 刘湘顺.马克思利益关系理论在当代中国的发展[M].北京:中国社会科学出版社,2011.

[14] 汪盛玉.马克思社会公正思想论[M].芜湖:安徽师范大学出版社,2014.

[15] 郜志刚.改革开放以来中国共产党社会公正思想研究[M].北京:人民出版社,2016.

[16] 解安."三农"有解:"三农"重大现实问题研究[M].北京:人民出版社,2018.

[17] 霍布斯.利维坦[M].黎思复,黎廷弼,译.北京:商务印书馆,1985.

[18] 马尔萨斯.人口原理[M].朱泱,胡企林,朱和中,译.北京:商务印书馆,1992.

[19] 边沁.政府片论[M].沈叔平,等译.北京:商务印书馆,1995.

[20] 哈耶克.法律、立法与自由:第1卷[M].邓正来,张守正,李静冰,译.北京:中国大百科全书出版社,2000.

[21] 皮尔逊.福利制度的新政治学[M].汪淳波,苗正民,译.北京:商务印书馆,2004.

[22] 勒鲁.论平等[M].王允道,译.北京:商务印书馆,2005.

[23] 特纳.社会学理论的结构[M].吴曲辉,等译.杭州:浙江人民出版社,1987.

[24] 弗里德曼.资本主义与自由[M].张瑞玉,译.北京:商务印书馆,1986.

[25] 弗莱施哈克尔.分配正义简史[M].南京:译林出版社,2010.

[26] 缪尔达尔.世界贫困的挑战:世界反贫困大纲[M].顾朝阳,张海红,高晓宇,等译.北京:北京经济学院出版社,1991.

[27] John Jacobs. Modern Thinkers on Welfare [M]. London: Journal of Social Policy,1996.

[28] 马俊峰.马克思主义公正观的基本向度及方法论原则[J].中国社会科学,2010(6)45-48.

[29] 陈旭.加快供给侧改革建设现代化经济体系[J].人民论坛,2018(2)82-83.

[30] 白描,吴国宝.农民主观福祉现状及其影响因素分析[J].中国农村观察,2017(1)41－51.

[31] 韩震.公正是社会主义核心价值追求[J].中国特色社会主义研究,2014(6)74－77.

[32] 赵汇,代贤萍.共享发展与社会分配公正[J].中国特色社会主义研究,2016(6)70－73.

[33] 程广丽,卢国琪.马克思主义公正观的基本内涵及现实价值[J].中国特色社会主义研究,2015(5)33－35.

[34] 卜祥记,张玮玮.马克思"社会公正"理论的当代意义[J].哲学研究,2014(4)3－7.

[35] 钟瑛.马克思主义合作制理论及其中国化新发展[J].毛泽东邓小平理论研究,2017(8)24－27.

[36] 臧峰宇.马克思正义论研究的两种进路及其中国语境[J].中国人民大学学报,2015(3)57－59.

[37] 李强.社会分层与社会空间领域的公平、公正[J].中国人民大学学报,2012(1)2－8.

[38] 季丽新.当前中国农民政治水平的复杂性分析[J].学习与探索,2016(11)59.

[39] 李飞,杜云.阶层分化与农民乡城永久迁移[J].人口与经济,2017(3)66－67.

[40] 刘刚,崔鹏.经济发展新动能与农村继续工业化[J].南开学报(哲学社会科学版),2017(2)131－132.

[41] 毛铖.我国农村治理变革与农村服务体系变迁[J].求实,2017(8)67－69.

[42] 张莹,龙文军,刘洋.农村社会文化问题研究综述[J].农业经济问题,2014(4)102－105.

[43] 王阳,宋周.农业转移人口市民化的影响因素研究[J].农村经济,2017(9)121－123.

[44] 卢国琪.马克思公正观:逻辑起点、理论实质与实践意义[J].江海学刊,2016(4)221－225.

[45] 汪荣有.马克思恩格斯初次分配公正思想[J].伦理学研究,2016(4)23－25.

[46] 李伟斌.社会主义核心价值观视阈中的公正释义[J].科学社会主义,2015(3)77－83.

[47] 陈旭.中国目前农村土地产权制度研究[D].长春:吉林大学,2013.

[48] 李冬梅.马克思正义观及其当代意义[D].沈阳:辽宁大学,2014.

[49] 张宇.新型城镇化进程中失地农民的教育补偿研究[D].天津:天津大学,2015.

[50] 常亮.中国农村养老保障:制度演进与文化反思[D].北京:中国农业大学,2016.

[51] 牛立晴.我国城镇化与农民收入关系的研究[D].沈阳:辽宁大学,2018.

[52] 陈旭.习近平新时代人类命运共同体思想实践价值研究[D].长春:吉林大学,2019.

[53] 郜清攀.乡村振兴战略背景下乡镇政府公共服务能力研究[D].长春:东北师范大学,2019.

后　记

公正问题是永恒的话题，只要有人类社会的存在就有关于公正的讨论。从古至今，人们不断实现由旧的生产方式向新的生产方式地跨越，并在此过程中探索一种更公平、公正、合理的社会制度。问题是时代的格言，作为有担当的一代人就必须正视在新时代中国经济社会发展的重大问题。当今中国，摆在我们面前的最重要、最迫切的现实问题就是如何解决经济社会发展不平衡、不充分的问题，而如何解决中国农民群体弱势化趋势的问题又是解决经济社会发展不平衡问题的关键所在。在新时代社会主要矛盾的问题上，我们不应该仅仅停留在"如何认识和理解"，更应该转向"如何解决和转化"。正是带着这样的问题意识，农民群体弱势化趋势治理策略研究的课题才应运而生，也正是带着这样的责任意识，关注中国农民群体自身发展才更有意义。

首先，从马克思社会公正立场出发研究中国农民群体弱势化趋势治理问题，可以对中国特色社会主义公平正义问题的理论研究形成有益补充，体现了较强的学理价值。推动社会各群体的协调发展，促进社会公正进步，向来是国家最为重要的价值追求。但就目前的理论研究成果来看，基于马克思社会公正视角探讨农民群体弱势化趋势方面的研究成果相对较少。本书在系统掌握马克思社会公正思想和吸收借鉴国际有益经验基础上，对中国农民群体弱势化趋势治理进行学理分析，更加深入地从最为本质的层面剖析农民群体的弱势化趋势问题，得出具有前瞻性的理论观点，构建起农民群体弱势化趋势治理的逻辑框架和具体策略，指导我们走出在社会发展的误区，实现马克思社会公正思想与中国具体实际的完美结合。

其次，研究中国农民群体弱势化趋势治理问题可以更清晰地认识"三农"问题的现状，更好地维护农民群体的生存和发展权益，提升农民群众的获得感、幸福感、安全感，促进社会和谐稳定。"三农"问题历来都是国家的重大问题，而农民问题是"三农"问题的核心。如果缺少对农民群体弱势化趋势的关注，缺乏农民群体弱势化趋势治理的方法和手段，农民群体的生存和发展权益必将受到损害。长此以往，势必激化矛盾，使农民群体与非农群体走向对立甚至冲突，农民增收、农业发展和农村稳定更无从谈起。可见，解决中国农民群体弱势化趋势问题，推动社会发展成果共享，不仅涉及农民切身利益和社会公正目标的实现，而且还关系到国家的长治久安。

当前，我国社会正处于快速转型期，农民群体的社会保障、医疗卫生、教育发展等方面弱势化趋势越发严重，亟须党和政府出台相应政策保证农民群体权益的提升。习近平总书记提出了"必须让人民群众共享发展成果"的发展观，为农民群体弱势化趋势治理指明了方向。然而，要解决农民群体弱势化趋势问题，推动社会公正正义，仅有战略目标是不够的，还需要丰富的技术方法和手段予以实现。本书总结了近年来中国农民群体弱势化治理实践的成绩和不足，重点考察了农民群体弱势化的表现及其影响，旨在把握农民群体弱势化趋势的因果规律，并为解决这一问题提供了路径选择。这不仅可以有效地引导社会舆论和价值取向，而且可以使社会成员以更加积极的姿态参与到农民群体弱势化趋势治理实践中来，从而促进农民增收、农业发展、农村稳定。

本书以马克思主义理论为指导,紧密围绕习近平总书记关于"三农"问题系列讲话精神开展研究,具有较强的时效性。农民群体弱势化趋势治理既是一个理论问题,又是一个实践问题,它会随着经济社会发展而呈现出不同的阶段性特征,与此,社会公正也必将拥有更加丰富的内涵和外延,这是目前本书无法涉及的内容。本书是在作者的博士论文的基础上扩充、改写而成。由于作者水平有限,尽管数易其稿,书中难免存在一些欠缺和不妥之处,恳请各位专家、学者批评指正。

本书在写作、校对和出版过程中得到了内蒙古民族大学田明教授、马新军教授、陈旭讲师的帮助与鼓励。特别感谢本书的写作顾问田明教授的悉心指导和大力支持。本书出版也得到了长春中医药大学和内蒙古民族大学的支持,在此表示诚挚的谢意!

刘 行

2020 年 4 月于长春